emas de
OLAVO
BILAC

CB060391

Produção editorial Obá editorial
Projeto gráfico Naiara Raggiotti
Bagagem de informações Carla Faria e Rogério Cantelli
Ilustrações Kris Barz
Diagramação Rogério Cantelli
e Thaís Gaal Rupeika
Capa Patrícia Ishihara
e Thaís Gaal Rupeika

Direitos de publicação:
© 2014 Editora Melhoramentos Ltda.

Obra conforme o Acordo Ortográfico
da Língua Portuguesa

Editora Melhoramentos

Bilac, Olavo
  Poemas de Olavo Bilac / Olavo Bilac; [ilustrações Kris Barz]. São Paulo:
Editora Melhoramentos, 2014.

  ISBN 978-85-06-07397-1

  1. Literatura brasileira - Poemas. I. Bilac, Olavo Brás Martins
dos Guimarães. II. Título. III. Barz, Kris.

13/329   CDD-869B

Índices para catálogo sistemático:
1. Literatura brasileira   869B
2. Literatura brasileira – Poemas   869.1B

1.ª edição, 2.ª impressão, agosto de 2019
ISBN: 978-85-06-07397-1

Atendimento ao consumidor:
Caixa Postal 729 – CEP 01031-970
São Paulo – SP – Brasil
Tel.: (11) 3874-0880
www.editoramelhoramentos.com.br
sac@melhoramentos.com.br

Impresso no Brasil

OLAVO BILAC

Poemas de
OLAVO BILAC

MELHORAMENTOS

Sumário

PROFISSÃO DE FÉ 10

Profissão de fé   10

PANÓPLIAS 16

A Gonçalves Dias   16
Guerreira   17
Para a Rainha Dona Amélia de Portugal   19
A um grande homem   20
A sesta de Nero   24
O incêndio de Roma   25
Lendo a Ilíada   26
Messalina   28
A ronda noturna   29

VIA LÁCTEA 30

I   Talvez sonhasse, quando a vi. Mas via   30
II   Tudo ouvirás, pois que, bondosa e pura,   31
III   Tantos esparsos vi profusamente   32
IV   Como a floresta secular, sombria,   33
V   Dizem todos: "Outrora como as aves   34
VI   Em mim também, que descuidado vistes,   35
VII   Não têm faltado bocas de serpentes   36

VIII	Em que céus mais azuis, mais puros ares,	37
IX	De outras sei que se mostram menos frias,	38
X	Deixa que o olhar do mundo enfim devasse	39
XI	Todos esses louvores, bem o viste,	40
XII	Sonhei que me esperavas. E, sonhando,	41
XIII	"Ora (direis) ouvir estrelas! Certo	42
XIV	Viver não pude sem que o fel provasse	43
XV	Inda hoje, o livro do passado abrindo,	44
XVI	Lá fora, a voz do vento ulule rouca!	45
XVII	Por estas noites frias e brumosas	46
XVIII	Dormes... Mas que sussurro a umedecida	47
XIX	Sai a passeio, mal o dia nasce,	48
XX	Olha-me! O teu olhar sereno e brando	49
XXI	Sei que um dia não há (e isso é bastante	50
XXII	Quando te leio, as cenas animadas	51
XXIII	Laura! dizes que Fábio anda ofendido	52
XXIV	Vejo-a, contemplo-a comovido... Aquela	53
XXV	Tu, que no pego impuro das orgias	54
XXVI	Quando cantas, minh'alma, desprezando	55
XXVII	Ontem – néscio que fui! – maliciosa	56
XXVIII	Pinta-me a curva destes céus... Agora,	57
XXIX	Por tanto tempo, desvairado e aflito,	58
XXX	Ao coração que sofre, separado	59
XXXI	Longe de ti, se escuto, porventura,	60
XXXII	Leio-te: – o pranto dos meus olhos rola:	61
XXXIII	Como quisesses livre ser, deixando	62
XXXIV	Quando adivinha que vou vê-la, e à escada	63
XXXV	Pouco me pesa que mofeis sorrindo	64

SARÇAS DE FOGO 65

O julgamento de Frineia 65
Marinha 67
Sobre as bodas de um sexagenário 68
Abyssus 70
Pantum 71
Na Tebaida 74
Milagre 75
Numa concha 78
Súplica 79
Canção 80
Rio abaixo 81
Satânia 82
Quarenta anos 86
Vestígios 87
No cárcere 88
Nel mezzo del camin... 89
Solitudo 90

ALMA INQUIETA 91

A avenida das lágrimas 91
Inania verba 93
Incontentado 94
Sonho 95
Primavera 96
Virgens mortas 97

Tercetos		98
In extremis		101
Desterro		102
Velhas árvores		103
Maldição		104
Última página		105

AS VIAGENS 106

I	Primeira Migração	106
II	Os Fenícios	107
III	Israel	108
IV	Alexandre	109
V	César	111
VI	Os Bárbaros	112
VII	As Cruzadas	113
VIII	As Índias	114
IX	O Brasil	115
X	O Voador	116
XI	O Polo	118
XII	A Morte	119
XIII	A missão de Purna	120
XIV	Sagres	124

O CAÇADOR DE ESMERALDAS 137

O caçador de esmeraldas 137

TARDE 151

Hino à tarde 152
Pátria 153
Língua portuguesa 154
Música brasileira 155
Anchieta 156
Caos 158
As ondas 159
Crepúsculo na mata 160
Microcosmo 161
A um poeta 162
Vila Rica 163
New York 164
Último Carnaval 165
Diamante negro 166
Palavras 167
O cometa 168

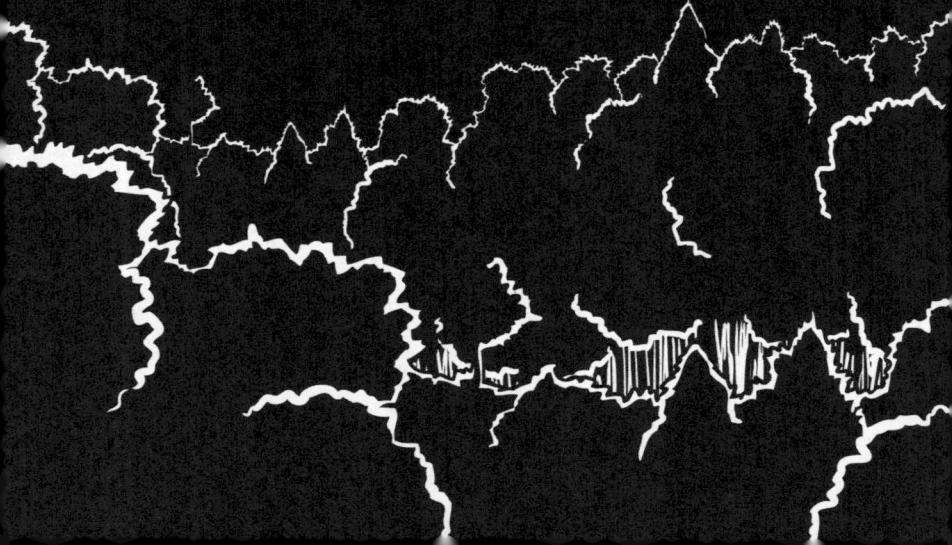

PROFISSÃO DE FÉ

Profissão de fé

> *Le poète est ciseleur,*
> *Le ciseleur est poète.*
>
> Victor Hugo

Não quero o Zeus Capitolino,
    Hercúleo e belo,
Talhar no mármore divino
    Com o camartelo.

Que outro – não eu! – a pedra corte
    Para, brutal,
Erguer de Atene o altivo porte
    Descomunal.

Mais que esse vulto extraordinário,
    Que assombra a vista,
Seduz-me um leve relicário
    De fino artista.

Invejo o ourives quando escrevo:
    Imito o amor
Com que ele, em ouro, o alto-relevo
    Faz de uma flor.

Imito-o. E, pois, nem de Carrara
   A pedra firo:
O alvo cristal, a pedra rara,
   O ônix prefiro.

Por isso, corre, por servir-me,
   Sobre o papel
A pena, como em prata firme
   Corre o cinzel.

Corre; desenha, enfeita a imagem,
   A ideia veste:
Cinge-lhe ao corpo a ampla roupagem
   Azul-celeste.

Torce, aprimora, alteia, lima
   A frase; e, enfim,
No verso de ouro engasta a rima,
   Como um rubim.

Quero que a estrofe cristalina,
   Dobrada ao jeito
Do ourives, saia da oficina
   Sem um defeito:

E que o lavor do verso, acaso,
   Por tão sutil,
Possa o lavor lembrar de um vaso
   De Becerril.

E horas sem conto passo, mudo,
    O olhar atento,
A trabalhar, longe de tudo
    O pensamento.

Porque o escrever – tanta perícia,
    Tanta requer,
Que ofício tal... nem há notícia
    De outro qualquer.

Assim procedo. Minha pena
    Segue esta norma,
Por te servir, Deusa serena,
    Serena Forma!

Deusa! A onda vil, que se avoluma
    De um torvo mar,
Deixa-a crescer; e o lodo e a espuma
    Deixa-a rolar!

Blasfemo, em grita surda e horrendo
    Ímpeto, o bando
Venha dos Bárbaros crescendo,
    Vociferando...

Deixa-o: que venha e uivando passe
    – Bando feroz!
Não se te mude a cor da face
    E o tom da voz!

Olha-os somente, armada e pronta,
    Radiante e bela:
E, ao braço o escudo, a raiva afronta
    Dessa procela!

Este que à frente vem, e o todo
    Possui minaz
De um Vândalo ou de um Visigodo,
    Cruel e audaz;

Este, que, de entre os mais, o vulto
    Ferrenho alteia,
E, em jato, expele o amargo insulto
    Que te enlameia:

É em vão que as forças cansa, e à luta
    Se atira; é em vão
Que brande no ar a maça bruta
    À bruta mão.

Não morrerás, deusa sublime!
    Do trono egrégio
Assistirás intacta ao crime
    Do sacrilégio.

E, se morreres porventura,
    Possa eu morrer
Contigo, e a mesma noite escura
    Nos envolver!

Ah! ver por terra, profanada,
    A ara partida;
E a Arte imortal aos pés calcada,
    Prostituída!...

Ver derribar do eterno sólio
    O Belo, e o som
Ouvir da queda do Acropólio,
    Do Partenon!...

Sem sacerdote, a Crença morta
    Sentir, e o susto
Ver, e o extermínio, entrando a porta
    Do templo augusto!...

Ver esta língua, que cultivo,
    Sem ouropéis,
Mirrada ao hálito nocivo
    Dos infiéis!...

Não! Morra tudo que me é caro,
    Fique eu sozinho!
Que não encontre um só amparo
    Em meu caminho!

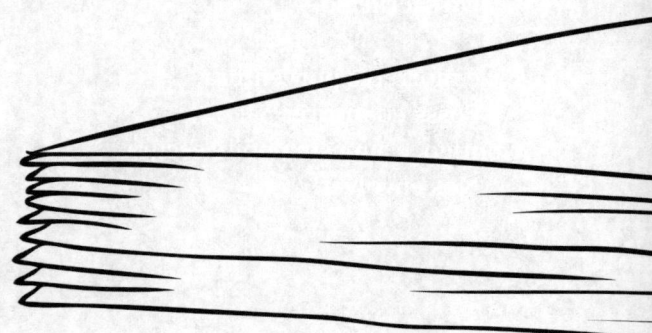

Que a minha dor nem a um amigo
  Inspire dó...
Mas, ah! que eu fique só contigo,
  Contigo só!

Vive! que eu viverei servindo
  Teu culto, e, obscuro,
Tuas custódias esculpindo
  No ouro mais puro.

Celebrarei o teu ofício
  No altar: porém,
Se inda é pequeno o sacrifício,
  Morra eu também!

Caia eu também, sem esperança,
  Porém tranquilo,
Inda, ao cair, vibrando a lança,
  Em prol do Estilo!

PANÓPLIAS

A Gonçalves Dias

Celebraste o domínio soberano
Das grandes tribos, o tropel fremente
Da guerra bruta, o entrechocar insano
Dos tacapes vibrados rijamente,

O maracá e as flechas, o estridente
Troar da inúbia, e o canitar indiano...
E, eternizando o povo americano,
Vives eterno em teu poema ingente.

Estes revoltos, largos rios, estas
Zonas fecundas, estas seculares
Verdejantes e amplíssimas florestas

Guardam teu nome: e a lira que pulsaste
Inda se escuta, a derramar nos ares
O estridor das batalhas que contaste.

Guerreira

É a encarnação do mal. Pulsa-lhe o peito
Ermo de amor, deserto de piedade...
Tem o olhar de uma deusa e o altivo aspeito
Das cruentas guerreiras de outra idade.

O lábio ao ríctus do sarcasmo afeito
Crispa-se-lhe num riso de maldade,
Quando, talvez, as pompas, com despeito,
Recorda da perdida majestade.

E assim, com o seio ansioso, o porte erguido,
Corada a face, a ruiva cabeleira
Sobre as amplas espáduas derramada,

Faltam-lhe apenas a sangrenta espada
Inda rubra da guerra derradeira,
E o capacete de metal polido...

Para a Rainha Dona Amélia de Portugal

Um rude resplendor, de rude brilho, touca
E nimba o teu escudo, em que as quinas e a esfera
Guardam, ó Portugal! a tua glória austera,
Feita de louco heroísmo e de aventura louca.

Ver esse escudo é ver a Terra toda, pouca
Para a tua ambição; é ver Afonso, à espera
Dos mouros, em Ourique; e, em redor da galera
Do Gama, ouvir do mar a voz bramante e rouca...

Mas no vosso brasão, Borgonha! Avis! Bragança!
De ouro e ferro, encerrando o orgulho da conquista,
Faltava a suavidade e o encanto de uma flor;

E eis sobre ele pairando o alvo lírio de França,
Que lhe deu, flor humana, alma gentil de artista,
Um sorriso de graça e um perfume de amor...

A um grande homem

> *Heureuse au fond du bois*
> *la source pauvre et pure!*
>
> Lamartine

    Olha: era um tênue fio
De água escassa. Cresceu. Tornou-se em rio
    Depois. Roucas, as vagas
Engrossa agora, e é túrbido e bravio,
Roendo penedos, alagando plagas.

    Humilde arroio brando!...
Nele, no entanto, as flores, inclinando
    O débil caule, inquietas
Miravam-se. E, em seu claro espelho, o bando
Se revia das leves borboletas.

Tudo, porém: – cheirosas
Plantas, curvas ramadas rumorosas,
     Úmidas relvas, ninhos
Suspensos no ar entre jasmins e rosas,
Tardes cheias da voz dos passarinhos –

     Tudo, tudo perdido
Atrás deixou. Cresceu. Desenvolvido,
     Foi alargando o seio,
E do alpestre rochedo, onde nascido
Tinha, crespo, a rolar, descendo veio...

     Cresceu. Atropeladas,
Soltas, grossas as ondas apressadas
     Estendeu largamente,
Tropeçando nas pedras espalhadas,
No galope impetuoso da corrente...

     Cresceu. E é poderoso:
Mas enturba-lhe a face o lodo ascoso...
     É grande, é largo, é forte:
Mas, de parcéis cortado, caudaloso,
Leva nas dobras de seu manto a morte.

    Implacável, violento,
Rijo vergasta o látego do vento.
    Das estrelas, caindo
Sobre ele em vão do claro firmamento
Batem os raios límpidos, luzindo...

    Nada reflete, nada!
Com o surdo estrondo espanta a ave assustada;
    É turvo, é triste agora.
Onde a vida de outrora sossegada?
Onde a humildade e a limpidez de outrora?
....

    Homem que o mundo aclama!
Semideus poderoso, cuja fama
    O mundo com vaidade
De eco em eco no século derrama
Aos quatro ventos da celebridade!

    Tu, que humilde nasceste,
Fraco e obscuro mortal, também cresceste
    De vitória em vitória,
E, hoje, inflado de orgulhos, ascendeste
Ao sólio excelso do esplendor da glória!

    Mas, ah! nesses teus dias
De fausto, entre essas pompas luzidias
    — Rio soberbo e nobre!
Hás de chorar o tempo em que vivias
Como um arroio sossegado e pobre...

A sesta de Nero

Fulge de luz banhado, esplêndido e suntuoso,
O palácio imperial de pórfiro luzente
E mármor da Lacônia. O teto caprichoso
Mostra, em prata incrustado, o nácar do Oriente.

Nero no toro ebúrneo estende-se indolente...
Gemas em profusão no estrágulo custoso
De ouro bordado veem-se. O olhar deslumbra, ardente,
Da púrpura da Trácia o brilho esplendoroso.

Formosa ancila canta. A aurilavrada lira
Em suas mãos soluça. Os ares perfumando,
Arde a mirra da Arábia em recendente pira.

Formas quebram, dançando, escravas em coreia.
E Nero dorme e sonha, a fronte reclinando
Nos alvos seios nus da lúbrica Popeia.

O incêndio de Roma

Raiva o incêndio. A ruir, soltas, desconjuntadas,
As muralhas de pedra, o espaço adormecido
De eco em eco acordando ao medonho estampido,
Como a um sopro fatal, rolam esfaceladas.

E os templos, os museus, o Capitólio erguido
Em mármor frígio, o Foro, as eretas arcadas
Dos aquedutos, tudo as garras inflamadas
Do incêndio cingem, tudo esbroa-se partido.

Longe, reverberando o clarão purpurino,
Arde em chamas o Tibre e acende-se o horizonte...
– Impassível, porém, no alto do Palatino,

Nero, com o manto grego ondeando ao ombro, assoma
Entre os libertos, e ébrio, engrinaldada a fronte,
Lira em punho, celebra a destruição de Roma.

Lendo a Ilíada

Ei-lo, o poema de assombros, céu cortado
De relâmpagos, onde a alma potente
De Homero vive, e vive eternizado
O espantoso poder da argiva gente.

Arde Troia... De rastos passa atado
O herói ao carro do rival, e, ardente,
Bate o sol sobre um mar ilimitado
De capacetes e de sangue quente.

Mais que as armas, porém, mais que a batalha,
Mais que os incêndios, brilha o amor que ateia
O ódio e entre os povos a discórdia espalha:

– Esse amor que ora ativa, ora asserena
A guerra, e o heroico Páris encadeia
Aos curvos seios da formosa Helena.

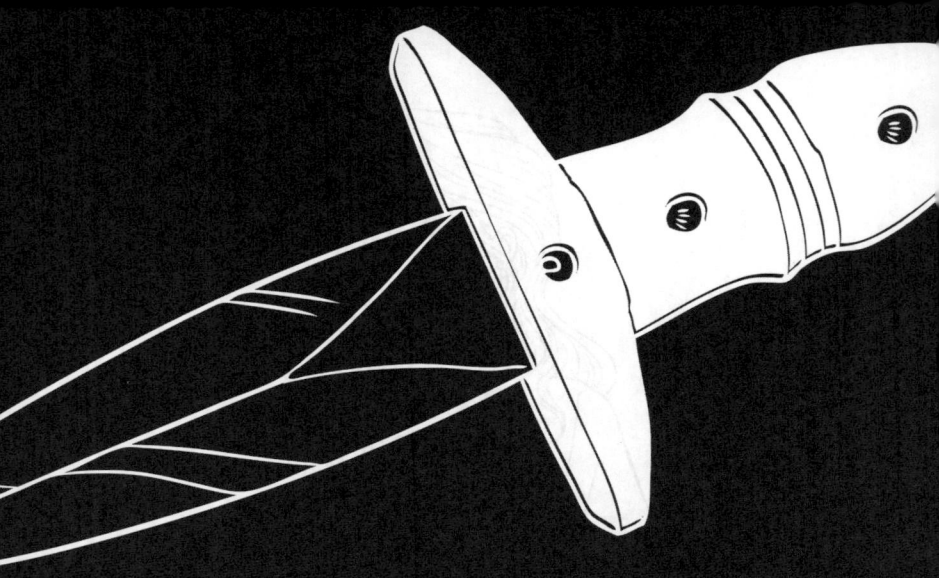

Messalina

Recordo, ao ver-te, as épocas sombrias
Do passado. Minh'alma se transporta
À Roma antiga, e da cidade morta
Dos Césares reanima as cinzas frias;

Triclínios e vivendas luzidias
Percorre; para de Suburra à porta,
E o confuso clamor escuta, absorta,
Das desvairadas e febris orgias.

Aí, num trono ereto sobre a ruína
De um povo inteiro, tendo à fronte impura
O diadema imperial de Messalina,

Vejo-te bela, estátua da loucura!
Erguendo no ar a mão nervosa e fina,
Tinta de sangue, que um punhal segura.

A ronda noturna

Noite cerrada, tormentosa, escura,
Lá fora. Dorme em trevas o convento.
Queda imoto o arvoredo. Não fulgura
Uma estrela no torvo firmamento.

Dentro é tudo mudez. Flébil murmura,
De espaço a espaço, entanto, a voz do vento:
E há um rasgar de sudários pela altura,
Passo de espectros pelo pavimento...

Mas, de súbito, os gonzos das pesadas
Portas rangem... Ecoa surdamente
Leve rumor de vozes abafadas.

E, ao clarão de uma lâmpada tremente,
Do claustro sob as tácitas arcadas
Passa a ronda noturna, lentamente...

VIA LÁCTEA

I

Talvez sonhasse, quando a vi. Mas via
Que, aos raios do luar iluminada,
Entre as estrelas trêmulas subia
Uma infinita e cintilante escada.

E eu olhava-a de baixo, olhava-a... Em cada
Degrau, que o ouro mais límpido vestia,
Mudo e sereno, um anjo a harpa doirada,
Ressoante de súplicas, feria...

Tu, mãe sagrada! vós também, formosas
Ilusões! sonhos meus! íeis por ela
Como um bando de sombras vaporosas.

E, ó meu amor! eu te buscava, quando
Vi que no alto surgias, calma e bela,
O olhar celeste para o meu baixando...

II

Tudo ouvirás, pois que, bondosa e pura,
Me ouves agora com melhor ouvido:
Toda a ansiedade, todo o mal sofrido
Em silêncio, na antiga desventura...

Hoje, quero, em teus braços acolhido,
Rever a estrada pavorosa e escura
Onde, ladeando o abismo da loucura,
Andei de pesadelos perseguido.

Olha-a: torce-se toda na infinita
Volta dos sete círculos do inferno...
E nota aquele vulto: as mãos eleva,

Tropeça, cai, soluça, arqueja, grita,
Buscando um coração que foge, e eterno
Ouvindo-o perto palpitar na treva.

III

Tantos esparsos vi profusamente
Pelo caminho que, a chorar, trilhava!
Tantos havia, tantos! E eu passava
Por todos eles frio e indiferente...

Enfim! enfim! pude com a mão tremente
Achar na treva aquele que buscava...
Por que fugias, quando eu te chamava,
Cego e triste, tateando, ansiosamente?

Vim de longe, seguindo de erro em erro,
Teu fugitivo coração buscando
E vendo apenas corações de ferro.

Pude, porém, tocá-lo soluçando...
E hoje, feliz, dentro do meu o encerro,
E ouço-o, feliz, dentro do meu pulsando.

IV

Como a floresta secular, sombria,
Virgem do passo humano e do machado,
Onde apenas, horrendo, ecoa o brado
Do tigre, e cuja agreste ramaria

Não atravessa nunca a luz do dia,
Assim também, da luz do amor privado,
Tinhas o coração ermo e fechado,
Como a floresta secular, sombria...

Hoje, entre os ramos, a canção sonora
Soltam festivamente os passarinhos.
Tinge o cimo das árvores a aurora...

Palpitam flores, estremecem ninhos...
E o sol do amor, que não entrava outrora,
Entra dourando a areia dos caminhos.

V

Dizem todos: "Outrora como as aves
Inquieta, como as aves tagarela,
E hoje... que tens? Que sisudez revela
Teu ar! que ideias e que modos graves!

Que tens, para que em pranto os olhos laves?
Sê mais risonha, que serás mais bela!"
Dizem. Mas no silêncio e na cautela
Ficas firme e trancada a sete chaves...

E um diz: "Tolices, nada mais!" Murmura
Outro: "Caprichos de mulher faceira!"
E todos eles afinal: "Loucura!"

Cegos que vos cansais a interrogá-la!
Vê-la bastava; que a paixão primeira
Não pela voz, mas pelos olhos fala.

VI

Em mim também, que descuidado vistes,
Encantado e aumentando o próprio encanto,
Tereis notado que outras cousas canto
Muito diversas das que outrora ouvistes.

Mas amastes, sem dúvida... Portanto,
Meditai nas tristezas que sentistes:
Que eu, por mim, não conheço cousas tristes,
Que mais aflijam, que torturem tanto.

Quem ama inventa as penas em que vive:
E, em lugar de acalmar as penas, antes
Busca novo pesar com que as avive.

Pois sabei que é por isso que assim ando:
Que é dos loucos somente e dos amantes
Na maior alegria andar chorando.

VII

Não têm faltado bocas de serpentes
(Dessas que amam falar de todo o mundo,
E a todo o mundo ferem, maldizentes)
Que digam: "Mata o teu amor profundo!

Abafa-o, que teus passos imprudentes
Te vão levando a um pélago sem fundo...
Vais te perder!" E, arreganhando os dentes,
Movem para o teu lado o olhar imundo:

"Se ela é tão pobre, se não tem beleza,
Irás deixar a glória desprezada
E os prazeres perdidos por tão pouco?

Pensa mais no futuro e na riqueza!"
E eu penso que afinal... Não penso nada:
Penso apenas que te amo como um louco!

VIII

Em que céus mais azuis, mais puros ares,
Voa pomba mais pura? Em que sombria
Moita mais nívea flor acaricia,
À noite, a luz dos límpidos luares?

Vives assim, como a corrente fria,
Que, intemerata, aos trêmulos olhares
Das estrelas e à sombra dos palmares,
Corta o seio das matas, erradia.

E envolvida de tua virgindade,
De teu pudor na cândida armadura,
Foges o amor, guardando a castidade

– Como as montanhas, nos espaços francos
Erguendo os altos píncaros, a alvura
Guardam da neve que lhes cobre os flancos.

IX

De outras sei que se mostram menos frias,
Amando menos do que amar pareces.
Usam todas de lágrimas e preces:
Tu de acerbas risadas e ironias.

De modo tal minha atenção desvias,
Com tal perícia meu engano teces,
Que, se gelado o coração tivesses,
Certo, querida, mais ardor terias.

Olho-te: cega ao meu olhar te fazes...
Falo-te – e com que fogo a voz levanto! –
Em vão... Finges-te surda às minhas frases...

Surda: e nem ouves meu amargo pranto!
Cega: e nem vês a nova dor que trazes
À dor antiga que doía tanto!

X

Deixa que o olhar do mundo enfim devasse
Teu grande amor que é teu maior segredo!
Que terias perdido, se, mais cedo,
Todo o afeto que sentes se mostrasse?

Basta de enganos! Mostra-me sem medo
Aos homens, afrontando-os face a face:
Quero que os homens todos, quando eu passe,
Invejosos, apontem-me com o dedo.

Olha: não posso mais! Ando tão cheio
Deste amor, que minh'alma se consome
De te exaltar aos olhos do universo...

Ouço em tudo teu nome, em tudo o leio:
E, fatigado de calar teu nome,
Quase o revelo no final de um verso.

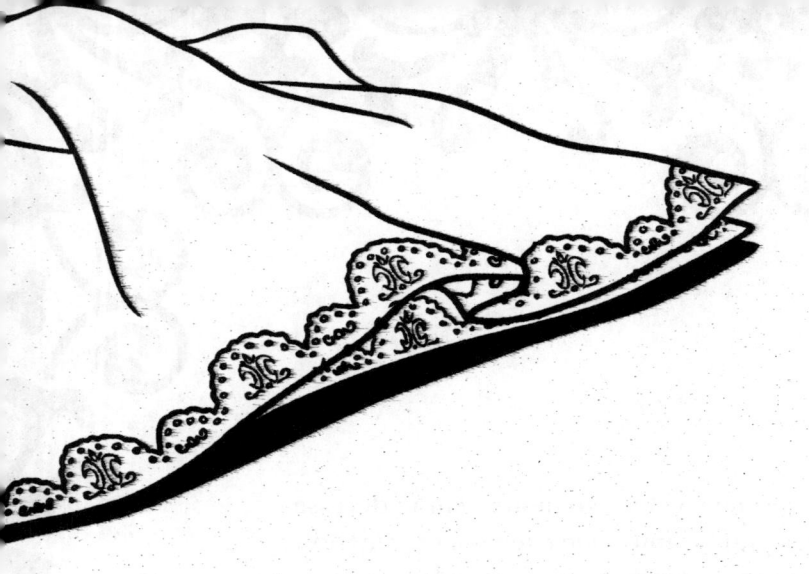

XI

Todos esses louvores, bem o viste,
Não conseguiram demudar-me o aspecto:
Só me turbou esse louvor discreto
Que no volver dos olhos traduziste...

Inda bem que entendeste o meu afeto
E, através destas rimas, pressentiste
Meu coração que palpitava, triste,
E o mal que havia dentro em mim secreto.

Ai de mim, se de lágrimas inúteis
Estes versos banhasse, ambicionando
Das néscias turbas os aplausos fúteis!

Dou-me por pago, se um olhar lhes deres:
Fi-los pensando em ti, fi-los pensando
Na mais pura de todas as mulheres.

XII

Sonhei que me esperavas. E, sonhando,
Saí, ansioso por te ver: corria...
E tudo, ao ver-me tão depressa andando,
Soube logo o lugar para onde eu ia.

E tudo me falou, tudo! Escutando
Meus passos, através da ramaria,
Dos despertados pássaros o bando:
"Vai mais depressa! Parabéns!" dizia.

Disse o luar: "Espera! que eu te sigo:
Quero também beijar as faces dela!"
E disse o aroma: "Vai, que eu vou contigo!"

E cheguei. E, ao chegar, disse uma estrela:
"Como és feliz! como és feliz, amigo,
Que de tão perto vais ouvi-la e vê-la!"

XIII

"Ora (direis) ouvir estrelas! Certo
Perdeste o senso!" E eu vos direi, no entanto,
Que, para ouvi-las, muita vez desperto
E abro as janelas, pálido de espanto...

E conversamos toda a noite, enquanto
A Via Láctea, como um pálio aberto,
Cintila. E, ao vir do sol, saudoso e em pranto,
Inda as procuro pelo céu deserto.

Direis agora: "Tresloucado amigo!
Que conversas com elas? Que sentido
Tem o que dizem, quando estão contigo?"

E eu vos direi: "Amai para entendê-las!
Pois só quem ama pode ter ouvido
Capaz de ouvir e de entender estrelas".

XIV

Viver não pude sem que o fel provasse
Desse outro amor que nos perverte e engana:
Porque homem sou, e homem não há que passe
Virgem de todo pela vida humana.

Por que tanta serpente atra e profana
Dentro d'alma deixei que se aninhasse?
Por que, abrasado de uma sede insana,
A impuros lábios entreguei a face?

Depois dos lábios sôfregos e ardentes,
Senti – duro castigo aos meus desejos –
O gume fino de perversos dentes...

E não posso das faces poluídas
Apagar os vestígios desses beijos
E os sangrentos sinais dessas feridas!

XV

Inda hoje, o livro do passado abrindo,
Lembro-as e punge-me a lembrança delas;
Lembro-as, e vejo-as, como as vi partindo,
Estas cantando, soluçando aquelas.

Umas, de meigo olhar piedoso e lindo,
Sob as rosas de neve das capelas;
Outras, de lábios de coral, sorrindo,
Desnudo o seio, lúbricas e belas...

Todas, formosas como tu, chegaram,
Partiram... e, ao partir, dentro em meu seio
Todo o veneno da paixão deixaram.

Mas, ah! nenhuma teve o teu encanto,
Nem teve olhar como esse olhar, tão cheio
De luz tão viva, que abrasasse tanto!

XVI

Lá fora, a voz do vento ulule rouca!
Tu, a cabeça no meu ombro inclina,
E essa boca vermelha e pequenina
Aproxima, a sorrir, de minha boca!

Que eu a fronte repouse ansiosa e louca
Em teu seio, mais alvo que a neblina
Que, nas manhãs hiemais, úmida e fina,
Da serra as grimpas verdejantes touca!

Solta as tranças agora, como um manto!
Canta! Embala-me o sono com teu canto!
E eu, aos raios tranquilos desse olhar,

Possa dormir sereno, como o rio
Que, em noites calmas, sossegado e frio,
Dorme aos raios de prata do luar!...

XVII

Por estas noites frias e brumosas
É que melhor se pode amar, querida!
Nem uma estrela pálida, perdida
Entre a névoa, abre as pálpebras medrosas...

Mas um perfume cálido de rosas
Corre a face da terra adormecida...
E a névoa cresce, e, em grupos repartida,
Enche os ares de sombras vaporosas:

Sombras errantes, corpos nus, ardentes
Carnes lascivas... um rumor vibrante
De atritos longos e de beijos quentes...

E os céus se estendem, palpitando, cheios
Da tépida brancura fulgurante
De um turbilhão de braços e de seios.

XVIII

Dormes... Mas que sussuro a umedecida
Terra desperta? Que rumor enleva
As estrelas, que no alto a Noite leva
Presas, luzindo, à túnica estendida?

São meus versos! Palpita a minha vida
Neles, falenas que a saudade eleva
De meu seio, e que vão, rompendo a treva,
Encher teus sonhos, pomba adormecida!

Dormes, com os seios nus, no travesseiro
Solto o cabelo negro... e ei-los, correndo,
Doudejantes, sutis, teu corpo inteiro...

Beijam-te a boca tépida e macia,
Sobem, descem, teu hálito sorvendo...
Por que surge tão cedo a luz do dia?!...

XIX

Sai a passeio, mal o dia nasce,
Bela, nas simples roupas vaporosas;
E mostra às rosas do jardim as rosas
Frescas e puras que possui na face.

Passa. E todo o jardim, por que ela passe,
Atavia-se. Há falas misteriosas
Pelas moitas, saudando-a respeitosas...
É como se uma sílfide passasse!

E a luz cerca-a, beijando-a. O vento é um choro...
Curvam-se as flores trêmulas... O bando
Das aves todas vem saudá-la em coro...

E ela vai, dando ao Sol o rosto brando,
Às aves dando o olhar, ao vento o louro
Cabelo, e às flores os sorrisos dando...

XX

Olha-me! O teu olhar sereno e brando
Entra-me o peito, como um largo rio
De ondas de ouro e de luz, límpido, entrando
O ermo de um bosque tenebroso e frio.

Fala-me! Em grupos doudejantes, quando
Falas, por noites cálidas de estio,
As estrelas acendem-se, radiando,
Altas, semeadas pelo céu sombrio.

Olha-me assim! Fala-me assim! De pranto
Agora, agora de ternura cheia,
Abre em chispas de fogo essa pupila...

E enquanto eu ardo em sua luz, enquanto
Em seu fulgor me abraso, uma sereia
Soluce e cante nessa voz tranquila!

XXI

A minha mãe

Sei que um dia não há (e isso é bastante
A esta saudade, mãe!) em que a teu lado
Sentir não julgues minha sombra errante,
Passo a passo a seguir teu vulto amado.

– Minha mãe! minha mãe! – a cada instante
Ouves. Volves, em lágrimas banhado,
O rosto, conhecendo soluçante
Minha voz e meu passo costumado.

E sentes alta noite no teu leito
Minh'alma na tua alma repousando,
Repousando meu peito no teu peito...

E encho os teus sonhos, em teus sonhos brilho,
E abres os braços trêmulos, chorando,
Para nos braços apertar teu filho!

XXII

A Goethe

Quando te leio, as cenas animadas
Por teu gênio, as paisagens que imaginas
Cheias de vida, avultam repentinas,
Claramente aos meus olhos desdobradas...

Vejo o céu, vejo as serras coroadas
De gelo, e o sol, que o manto das neblinas
Rompe, aquecendo as frígidas campinas
E iluminando os vales e as estradas.

Ouço o rumor soturno da charrua,
E os rouxinóis que, no carvalho erguido,
A voz modulam de ternuras cheia:

E vejo, à luz tristíssima da Lua,
Hermann, que cisma, pálido, embebido
No meigo olhar da loura Doroteia.

XXIII

De Calderón

Laura! dizes que Fábio anda ofendido
E, apesar de ofendido, namorado,
Buscando a extinta chama do passado
Nas cinzas frias avivar do olvido.

Vá que o faça, e que o faça por perdido
De amor... Creio que o faz por despeitado:
Porque o amor, uma vez abandonado,
Não torna a ser o que já tinha sido.

Não lhe creias nos olhos nem na boca,
Inda mesmo que os vejas, como pensas,
Mentir carícias, desmentir tristezas...

Porque finezas sobre arrufos, louca,
Finezas podem ser; mas, sobre ofensas,
Mais parecem vinganças que finezas.

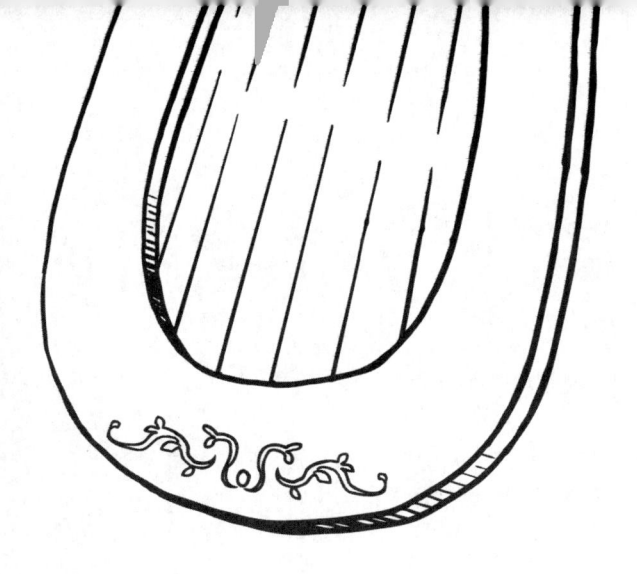

XXIV

A Luís Guimarães

Vejo-a, contemplo-a comovido... Aquela
Que amaste, e, de teus braços arrancada,
Desceu da morte a tenebrosa escada,
Calma e pura aos meus olhos se revela.

Vejo-lhe o riso plácido, a singela
Feição, aquela graça delicada,
Que uma divina mão deixou vazada
No eterno bronze, eternamente bela.

Só lhe não vejo o olhar sereno e triste:
– Céu, poeta, onde as asas, suspirando,
Chorando e rindo loucamente abriste...

– Céu povoado de estrelas, onde as hordas
Dos arcanjos cruzavam-se, pulsando
Das liras de ouro as gemedoras cordas...

XXV

A Bocage

Tu, que no pego impuro das orgias
Mergulhavas ansioso e descontente,
E, quando à tona vinhas de repente,
Cheias as mãos de pérolas trazias;

Tu, que do amor e pelo amor vivias,
E que, como de límpida nascente,
Dos lábios e dos olhos a torrente
Dos versos e das lágrimas vertias;

Mestre querido! viverás, enquanto
Houver quem pulse o mágico instrumento,
E preze a língua que prezavas tanto:

E enquanto houver num canto do Universo
Quem ame e sofra, e amor e sofrimento
Saiba, chorando, traduzir no verso.

XXVI

Quando cantas, minh'alma, desprezando
O invólucro do corpo, ascende às belas
Altas esferas de ouro, e, acima delas,
Ouve arcanjos as cítaras pulsando.

Corre os países longes, que revelas
Ao som divino do teu canto: e, quando
Baixas a voz, ela também, chorando,
Desce, entre os claros grupos das estrelas.

E expira a tua voz. Do paraíso,
A que subira ouvindo-te, caído,
Fico a fitar-te pálido, indeciso...

E enquanto cismas, sorridente e casta,
A teus pés, como um pássaro ferido,
Toda a minha alma trêmula se arrasta...

XXVII

Ontem – néscio que fui! – maliciosa
Disse uma estrela, a rir, na imensa altura:
"Amigo! uma de nós, a mais formosa
De todas nós, a mais formosa e pura,

Faz anos amanhã... Vamos! procura
A rima de ouro mais brilhante, a rosa
De cor mais viva e de maior frescura!"
E eu murmurei comigo: "Mentirosa!"

E segui. Pois tão cego fui por elas,
Que, enfim, curado pelos seus enganos,
Já não creio em nenhuma das estrelas...

E – mal de mim! – eis-me, a teus pés, em pranto...
Olha: se nada fiz para os teus anos,
Culpa as tuas irmãs que enganam tanto!

XXVIII

Pinta-me a curva destes céus... Agora,
Ereta, ao fundo, a cordilheira apruma:
Pinta as nuvens de fogo de uma em uma,
E alto, entre as nuvens, o raiar da aurora.

Solta, ondulando, os véus de espessa bruma,
E o vale pinta, e, pelo vale em fora,
A correnteza túrbida e sonora
Do Paraíba, em torvelins de espuma.

Pinta; mas vê de que maneira pintas...
Antes busques as cores da tristeza,
Poupando o escrínio das alegres tintas:

– Tristeza singular, estranha mágoa
De que vejo coberta a natureza,
Porque a vejo com os olhos rasos d'água...

XXIX

Por tanto tempo, desvairado e aflito,
Fitei naquela noite o firmamento,
Que inda hoje mesmo, quando acaso o fito,
Tudo aquilo me vem ao pensamento.

Saí, no peito o derradeiro grito
Calcando a custo, sem chorar, violento...
E o céu fulgia plácido e infinito,
E havia um choro no rumor do vento...

Piedoso céu, que a minha dor sentiste!
A áurea esfera da Lua o ocaso entrava,
Rompendo as leves nuvens transparentes;

E sobre mim, silenciosa e triste,
A Via Láctea se desenrolava
Como um jorro de lágrimas ardentes.

XXX

Ao coração que sofre, separado
Do teu, no exílio em que a chorar me vejo,
Não basta o afeto simples e sagrado
Com que das desventuras me protejo.

Não me basta saber que sou amado,
Nem só desejo o teu amor: desejo
Ter nos braços teu corpo delicado,
Ter na boca a doçura de teu beijo.

E as justas ambições que me consomem
Não me envergonham: pois maior baixeza
Não há que a terra pelo céu trocar;

E mais eleva o coração de um homem
Ser de homem sempre e, na maior pureza,
Ficar na terra e humanamente amar.

XXXI

Longe de ti, se escuto, porventura,
Teu nome, que uma boca indiferente
Entre outros nomes de mulher murmura,
Sobe-me o pranto aos olhos, de repente...

Tal aquele, que, mísero, a tortura
Sofre de amargo exílio, e tristemente
A linguagem natal, maviosa e pura,
Ouve falada por estranha gente...

Porque teu nome é para mim o nome
De uma pátria distante e idolatrada,
Cuja saudade ardente me consome:

E ouvi-lo é ver a eterna primavera
E a eterna luz da terra abençoada,
Onde, entre flores, teu amor me espera.

XXXII

A um poeta

Leio-te: – o pranto dos meus olhos rola:
– Do seu cabelo o delicado cheiro,
Da sua voz o timbre prazenteiro,
Tudo do livro sinto que se evola...

Todo o nosso romance: – a doce esmola
Do seu primeiro olhar, o seu primeiro
Sorriso – neste poema verdadeiro,
Tudo ao meu triste olhar se desenrola.

Sinto animar-se todo o meu passado:
E quanto mais as páginas folheio,
Mais vejo em tudo aquele vulto amado.

Ouço junto de mim bater-lhe o seio,
E cuido vê-la, plácida, a meu lado,
Lendo comigo a página que leio.

XXXIII

Como quisesse livre ser, deixando
As paragens natais, espaço em fora,
A ave, ao bafejo tépido da aurora,
Abriu as asas e partiu cantando.

Estranhos climas, longes céus, cortando
Nuvens e nuvens, percorreu: e, agora
Que morre o sol, suspende o voo, e chora,
E chora, a vida antiga recordando...

E logo, o olhar volvendo compungido
Atrás, volta saudosa do carinho,
Do calor da primeira habitação...

Assim por largo tempo andei perdido:
– Ah! que alegria ver de novo o ninho,
Ver-te, e beijar-te a pequenina mão!

XXXIV

Quando adivinha que vou vê-la, e à escada
Ouve-me a voz e o meu andar conhece,
Fica pálida, assusta-se, estremece,
E não sei por que foge envergonhada.

Volta depois. À porta, alvoroçada,
Sorrindo, em fogo as faces, aparece:
E talvez entendendo a muda prece
De meus olhos, adianta-se apressada.

Corre, delira, multiplica os passos;
E o chão, sob os seus passos murmurando,
Segue-a de um hino, de um rumor de festa...

E ah! que desejo de a tomar nos braços,
O movimento rápido sustando
Das duas asas que a paixão lhe empresta.

XXXV

Pouco me pesa que mofeis sorrindo
Destes versos puríssimos e santos:
Porque, nisto de amor e íntimos prantos,
Dos louvores do público prescindo.

Homens de bronze! um haverá, de tantos,
(Talvez um só) que, esta paixão sentindo,
Aqui demore o olhar, vendo e medindo
O alcance e o sentimento destes cantos.

Será esse o meu público. E, decerto,
Esse dirá: "Pode viver tranquilo
Quem assim ama, sendo assim amado!"

E, trêmulo, de lágrimas coberto,
Há de estimar quem lhe contou aquilo
Que nunca ouviu com tanto ardor contado.

SARÇAS DE FOGO

O julgamento de Frineia

Mnezarete, a divina, a pálida Frineia,
Comparece ante a austera e rígida assembleia
Do Areópago supremo. A Grécia inteira admira
Aquela formosura original, que inspira
E dá vida ao genial cinzel de Praxiteles,
De Hipérides à voz e à palheta de Apeles.

Quando os vinhos, na orgia, os convivas exaltam
E das roupas, enfim, livres os corpos saltam,
Nenhuma hetera sabe a primorosa taça,
Transbordante de Cós, erguer com maior graça,
Nem mostrar, a sorrir, com mais gentil meneio,
Mais formoso quadril, nem mais nevado seio.

Estremecem no altar, ao contemplá-la, os deuses,
Nua, entre aclamações, nos festivais de Elêusis...
Basta um rápido olhar provocante e lascivo:
Quem na fronte o sentiu curva a fronte, cativo...
Nada iguala o poder de suas mãos pequenas:
Basta um gesto – e a seus pés roja-se humilde Atenas...

Vai ser julgada. Um véu, tornando inda mais bela
Sua oculta nudez, mal os encantos vela,
Mal a nudez oculta e sensual disfarça.
Cai-lhe, espáduas abaixo, a cabeleira esparsa...
Queda-se a multidão. Ergue-se Eutias. Fala,
E incita o tribunal severo a condená-la:

"Elêusis profanou! É falsa e dissoluta,
Leva ao ar a cizânia e as famílias enluta!
Dos deuses zomba! É ímpia! é má!" (E o pranto ardente
Corre nas faces dela, em fios, lentamente...)
"Por onde os passos move a corrupção se espraia,
E estende-se a discórdia! Heliostes! condenai-a!"

Vacila o tribunal, ouvindo a voz que o doma...
Mas, de pronto, entre a turba Hipérides assoma,
Defende-lhe a inocência, exclama, exora, pede,
Suplica, ordena, exige... O Areópago não cede.
"Pois condenai-a agora!" E à ré, que treme, a branca
Túnica despedaça, e o véu, que a encobre, arranca...

Pasmam subitamente os juízes deslumbrados,
– Leões pelo calmo olhar de um domador curvados:
Nua e branca, de pé, patente à luz do dia
Todo o corpo ideal, Frineia aparecia
Diante da multidão atônita e surpresa,
No triunfo imortal da Carne e da Beleza.

Marinha

Sobre as ondas oscila o batel docemente...
Sopra o vento a gemer. Treme enfunada a vela.
Na água mansa do mar passam tremulamente
Áureos traços de luz, brilhando esparsos nela.

Lá desponta o luar. Tu, palpitante e bela,
Canta! Chega-te a mim! Dá-me essa boca ardente!
Sobre as ondas oscila o batel docemente...
Sopra o vento a gemer. Treme enfunada a vela.

Vagas azuis, parai! Curvo céu transparente,
Nuvens de prata, ouvi! – Ouça na altura a estrela,
Ouça de baixo o oceano, ouça o luar albente:
Ela canta! – e, embalado ao som do canto dela,
Sobre as ondas oscila o batel docemente.

Sobre as bodas de um sexagenário

Amas. Um novo sol apontou no horizonte,
E ofuscou-te a pupila e iluminou-te a fronte...

Lívido, o olhar sem luz, roto o manto, caída
Sobre o peito, a tremer, a barba encanecida,
Descias, cambaleando, a encosta pedregosa
Da velhice. Que mão te ofereceu, piedosa,
Um piedoso bordão para amparar teus passos?
Quem te estendeu a vida, estendendo-te os braços?
Ias desamparado, em sangue os pés, sozinho...
E era horrendo o arredor, torvo o espaço, o caminho
Sinistro, acidentado... Uivava perto o vento
E rodavam bulcões no torvo firmamento.
Entrado de terror, a cada passo o rosto
Voltavas, perscrutando o caminho transposto,
E volvias o olhar: e o olhar alucinado
Via de um lado a treva, a treva de outro lado,
E assombrosas visões, vultos extraordinários,
Desdobrando a correr os trêmulos sudários.
E ouvias o rumor de uma enxada, cavando
Longe a terra... E paraste exânime.

                              Foi quando
Te pareceu ouvir, pelo caminho escuro,
Soar de instante a instante um passo mal seguro
Como o teu. E atentando, entre alegria e espanto,
Viste que vinha alguém compartindo o teu pranto,
Trilhando a mesma estrada horrível que trilhavas,
E ensanguentando os pés onde os ensanguentavas.
E sorriste. No céu fulgurava uma estrela...

E sentiste falar subitamente, ao vê-la,
Teu velho coração dentro do peito, como
Desperto muita vez, no derradeiro assomo
Da bravura – sem voz, decrépito, impotente,
Trôpego, sem vigor, sem vista –, de repente
Riça a juba e, abalando a solidão noturna,
Urra um velho leão numa apartada furna.

Abyssus

Bela e traidora! Beijas e assassinas...
Quem te vê não tem forças que te oponha:
Ama-te, e dorme no teu seio, e sonha,
E, quando acorda, acorda feito em ruínas...

Seduzes, e convidas, e fascinas,
Como o abismo que, pérfido, a medonha
Fauce apresenta flórida e risonha,
Tapetada de rosas e boninas.

O viajor, vendo as flores, fatigado
Foge o Sol, e, deixando a estrada poenta,
Avança incauto... Súbito, esbroado,

Falta-lhe o solo aos pés: recua e corre,
Vacila e grita, luta e se ensanguenta,
E rola, e tomba, e se espedaça, e morre...

Pantum

Quando passaste, ao declinar do dia,
Soava na altura indefinido arpejo:
Pálido, o Sol do céu se despedia,
Enviando à terra o derradeiro beijo.

Soava na altura indefinido arpejo...
Cantava perto um pássaro, em segredo;
E, enviando à terra o derradeiro beijo,
Esbatia-se a luz pelo arvoredo.

Cantava perto um pássaro em segredo;
Cortavam fitas de ouro o firmamento...
Esbatia-se a luz pelo arvoredo:
Caíra a tarde; sossegara o vento.

Cortavam fitas de ouro o firmamento...
Quedava imoto o coqueiral tranquilo...
Caíra a tarde. Sossegara o vento.
Que mágoa derramada em tudo aquilo!

Quedava imoto o coqueiral tranquilo...
Pisando a areia, que a teus pés falava
(Que mágoa derramada em tudo aquilo!),
Vi lá embaixo o teu vulto que passava.

Pisando a areia, que a teus pés falava,
Entre as ramadas flóridas seguiste.
Vi lá embaixo o teu vulto que passava...
Tão distraída! – nem sequer me viste!

Entre as ramadas flóridas seguiste,
E eu tinha a vista de teu vulto cheia.
Tão distraída! – nem sequer me viste!
E eu contava os teus passos sobre a areia.

Eu tinha a vista de teu vulto cheia.
E, quando te sumiste ao fim da estrada,
Eu contava os teus passos sobre a areia:
Vinha a noite a descer, muda e pausada...

E, quando te sumiste ao fim da estrada,
Olhou-me do alto uma pequena estrela.
Vinha a noite, a descer, muda e pausada,
E outras estrelas se acendiam nela.

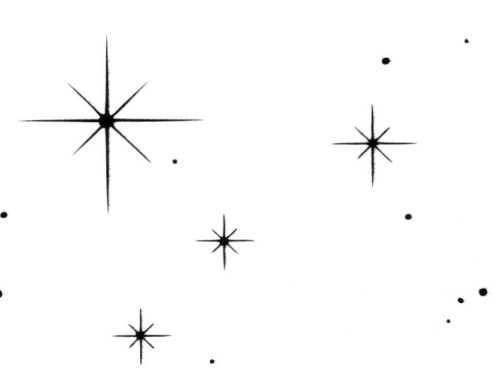

Olhou-me do alto uma pequena estrela,
Abrindo as áureas pálpebras luzentes:
E outras estrelas se acendiam nela,
Como pequenas lâmpadas trementes.

Abrindo as áureas pálpebras luzentes,
Clarearam a extensão dos largos campos;
Como pequenas lâmpadas trementes
Fosforeavam na relva os pirilampos.

Clarearam a extensão dos largos campos...
Vinha, entre nuvens, o luar nascendo...
Fosforeavam na relva os pirilampos...
E eu inda estava a tua imagem vendo.

Vinha, entre nuvens, o luar nascendo:
A terra toda em derredor dormia...
E eu inda estava a tua imagem vendo,
Quando passaste ao declinar do dia!

Na Tebaida

Chegas, com os olhos úmidos, tremente
A voz, os seios nus – como a rainha
Que ao ermo frio da Tebaida vinha
Trazer a tentação do amor ardente.

Luto: porém teu corpo se avizinha
Do meu, e o enlaça como uma serpente...
Fujo: porém a boca prendes, quente,
Cheia de beijos, palpitante, à minha...

Beija mais, que o teu beijo me incendeia!
Aperta os braços mais! que eu tenha a morte,
Preso nos laços de prisão tão doce!

Aperta os braços mais – frágil cadeia
Que tanta força tem não sendo forte,
E prende mais que se de ferro fosse!

Milagre

É nestas noites sossegadas,
Em que o luar aponta, e a fina,
Móbil e trêmula cortina
Rompe das nuvens espalhadas;

Em que no azul espaço, vago,
Cindindo o céu, o alado bando,
Vai das estrelas caminhando
Aves de prata à flor de um lago;

É nestas noites – que, perdida,
Louca de amor, minh'alma voa
Para teu lado, e te abençoa,
Ó minha aurora! ó minha vida!

No horrendo pântano profundo
Em que vivemos, és o cisne
Que o cruza, sem que a alvura tisne
Da asa no limo infecto e imundo.

Anjo exilado das risonhas
Regiões sagradas das alturas,
Que passas puro, entre as impuras
Humanas cóleras medonhas!

Estrela de ouro calma e bela,
Que, abrindo a lúcida pupila,
Brilhas assim clara e tranquila
Nas torvas nuvens da procela!

Raio de sol dourando a esfera
Entre as neblinas deste inverno,
E nas regiões do gelo eterno
Fazendo rir a primavera!

Lírio de pétalas formosas,
Erguendo à luz o níveo seio,
Entre estes cardos, e no meio
Destas eufórbias venenosas!

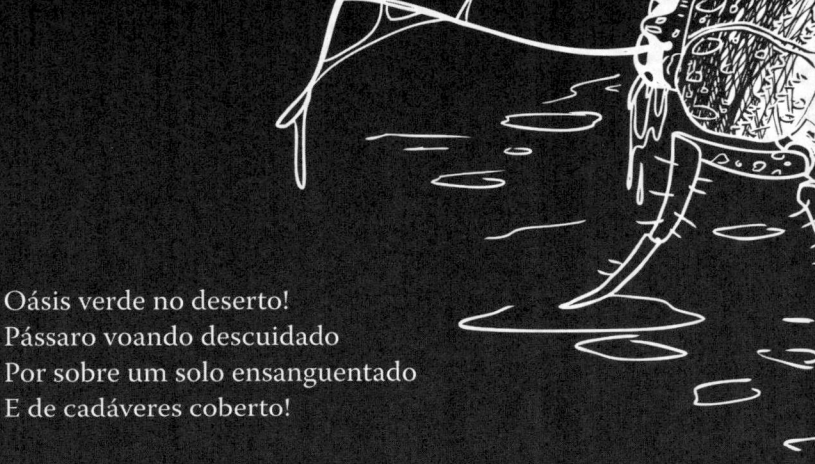

Oásis verde no deserto!
Pássaro voando descuidado
Por sobre um solo ensanguentado
E de cadáveres coberto!

Eu, que homem sou, eu, que a miséria
Dos homens tenho — eu, verme obscuro,
Amei-te, flor! E, lodo impuro,
Tentei roubar-te a luz sidérea...

Vaidade insana! Amar ao dia
A treva horrenda que negreja!
Pedir a serpe, que rasteja,
Amor à nuvem fugidia!

Insano amor! vaidade insana!
Unir num beijo o aroma à peste!
Vazar, num jorro, a luz celeste
Na escuridão da noite humana!

Mas, ah! quiseste a ponta da asa,
De pluma trêmula de neve
Descer a mim, roçar de leve
A superfície desta vasa...

E tanto pôde essa piedade,
E tanto pôde o amor, que o lodo
Agora é céu, é flores todo,
E a noite escura é claridade!

Numa concha

Pudesse eu ser a concha nacarada,
Que, entre os corais e as algas, a infinita
    Mansão do oceano habita,
    E dorme reclinada
No fofo leito das areias de ouro...
Fosse eu a concha e, ó pérola marinha!
Tu fosses o meu único tesouro,
    Minha, somente minha!

Ah! com que amor, no ondeante
Regaço de água transparente e clara,
Com que volúpia, filha, com que anseio
Eu as valvas de nácar apertara,
Para guardar-te toda palpitante
    No fundo de meu seio!

Súplica

    Falava o sol. Dizia:
    "Acorda! Que alegria
Pelos ridentes céus se espalha agora!
    Foge a neblina fria....
    Pede-te a luz do dia,
Pedem-te as chamas e o sorrir da aurora!"

    Dizia o rio, cheio
De amor, abrindo o seio:
"Quero abraçar-te as formas primorosas!
    Vem tu, que embalde veio
    O sol: somente anseio
Por teu corpo, formosa entre as formosas!

    Quero-te inteiramente
    Nua! quero, tremente,
Cingir de beijos tuas róseas pomas,
    Cobrir teu corpo ardente,
    E na água transparente
Guardar teus vivos, sensuais aromas!"

  E prosseguia o vento:
  "Escuta o meu lamento!
  Vem! não quero a folhagem perfumada:
  Com a flor não me contento!
   Mais alto é o meu intento:
  Quero embalar-te a coma desnastrada!"
....

Tudo a exigia... Entanto,
Alguém, oculto a um canto
Do jardim, a chorar, dizia: "Ó bela!
  Já te não peço tanto:
  Secara-se o meu pranto
Se visse a tua sombra na janela!"

Canção

Dá-me as pétalas de rosa
Dessa boca pequenina:
Vem com teu riso, formosa!
Vem com teu beijo, divina!

Transforma num paraíso
O inferno do meu desejo...
Formosa, vem com teu riso!
Divina, vem com teu beijo!

Oh! tu, que tornas radiosa
Minh'alma, que a dor domina,
Só com teu riso, formosa,
Só com teu beijo, divina!

Tenho frio, e não diviso
Luz na treva em que me vejo:
Dá-me o clarão do teu riso!
Dá-me fogo do teu beijo!

Rio abaixo

Treme o rio, a rolar, de vaga em vaga...
Quase noite. Ao sabor do curso lento
Da água, que as margens em redor alaga,
Seguimos. Curva os bambuais o vento.

Vivo há pouco, de púrpura, sangrento,
Desmaia agora o ocaso. A noite apaga
A derradeira luz do firmamento...
Rola o rio, a tremer, de vaga em vaga.

Um silêncio tristíssimo por tudo
Se espalha. Mas a Lua lentamente
Surge na fímbria do horizonte mudo:

E o seu reflexo pálido, embebido
Como um gládio de prata na corrente,
Rasga o seio do rio adormecido.

Satânia

....

Nua, de pé, solto o cabelo às costas,
Sorri. Na alcova perfumada e quente,
Pela janela, como um rio enorme
De áureas ondas tranquilas e impalpáveis
Profusamente a luz do meio-dia
Entra e se espalha palpitante e viva.
Entra, parte-se em feixes rutilantes,
Aviva as cores das tapeçarias,
Doura os espelhos e os cristais inflama.
Depois, tremendo, como a arfar, desliza
Pelo chão, desenrola-se, e, mais leve,
Como uma vaga preguiçosa e lenta,
Vem lhe beijar a pequenina ponta
Do pequenino pé macio e branco.
Sobe... cinge-lhe a perna longamente;
Sobe.... – e que volta sensual descrevo
Para abranger todo o quadril! – prossegue,
Lambe-lhe o ventre, abraça-lhe a cintura,
Morde-lhe os bicos túmidos dos seios,
Corre-lhe a espádua, espia-lhe o recôncavo
Da axila, acende-lhe o coral da boca,
E antes de se ir perder na escura noite,
Na densa noite dos cabelos negros,
Para confusa, a palpitar, diante
Da luz mais bela dos seus grandes olhos.

E aos mornos beijos, às carícias ternas
Da luz, cerrando levemente os cílios,
Satânia os lábios úmidos encurva,
E da boca na púrpura sangrenta
Abre um curto sorriso de volúpia...
Corre-lhe à flor da pele um calefrio;
Todo o seu sangue, alvoroçado, o curso
Apressa; e os olhos, pela fenda estreita
Das abaixadas pálpebras radiando,
Turvos, quebrados, lânguidos, contemplam,
Fitos no vácuo, uma visão querida...

Talvez ante eles, cintilando ao vivo
Fogo do ocaso, o mar se desenrole:
Tingem-se as águas de um rubor de sangue,
Uma canoa passa... Ao largo oscilam
Mastros enormes, sacudindo as flâmulas...
E, alva e sonora, a murmurar, a espuma
Pelas areias se insinua, o limo
Dos grosseiros cascalhos prateando...

Talvez ante eles, rígidas e imóveis,
Vicem, abrindo os leques, as palmeiras:
Calma em tudo. Nem serpe sorrateira
Silva, nem ave inquieta agira as asas.
E a terra dorme num torpor, debaixo
De um céu de bronze que a comprime e estreita...

Talvez as noites tropicais se estendam
Ante eles: infinito firmamento,
Milhões de estrelas sobre as crespas águas
De torrentes caudais, que, esbravejando,

Entre altas serras surdamente rolam...
Ou talvez, em países apartados,
Fitem seus olhos uma cena antiga:
Tarde de outono. Uma tristeza imensa
Por tudo. A um lado, à sombra deleitosa
Das tamareiras, meio adormecido,
Fuma um árabe. A fonte rumoreja
Perto. À cabeça o cântaro repleto,
Com as mãos morenas suspendendo a saia,
Uma mulher afasta-se, cantando...
E o árabe dorme numa densa nuvem
De fumo... E o canto perde-se à distância...
E a noite chega, tépida e estrelada...

Certo, bem doce deve ser a cena
Que os seus olhos extáticos ao longe,
Turvos, quebrados, lânguidos, contemplam.
Há pela alcova, entanto, um murmúrio
De vozes. A princípio é um sopro escasso,
Um sussurrar baixinho... Aumenta logo:
É uma prece, um clamor, um coro imenso
De ardentes vozes, de convulsos gritos.
É a voz da Carne, é a voz da Mocidade,
– Canto vivo de força e de beleza,
Que sobe desse corpo iluminado...
Dizem os braços: "– Quando o instante doce
Há de chegar, em que, à pressão ansiosa
Destes laços de músculos sadios,
Um corpo amado vibrará de gozo? –"

E os seios dizem: "– Que sedentos lábios,
Que ávidos lábios sorverão o vinho
Rubro, que temos nestas cheias taças?

Para essa boca que esperamos, pulsa
Nestas carnes o sangue, enche estas veias,
E entesa e apruma estes rosados bicos... –"

E a boca: "– Eu tenho nesta fina concha
Pérolas níveas do mais alto preço,
E corais mais brilhantes e mais puros
Que a rubra selva que de um tírio manto
Cobre o fundo dos mares da Abissínia...
Ardo e suspiro! Como o dia tarda
Em que meus lábios possam ser beijados,
Mais que beijados: possam ser mordidos! –"
....
....

Mas, quando, enfim, das regiões descendo
Que, errante, em sonhos percorreu, Satânia
Olha-se, e vê-se nua, e, estremecendo,
Veste-se, e aos olhos ávidos do dia
Vela os encantos, – essa voz declina
Lenta, abafada, trêmula...

                        Um barulho
De linhos frescos, de brilhantes sedas
Amarrotadas pelas mãos nervosas,
Enche a alcova, derrama-se nos ares...
E, sob as roupas que a sufocam, inda
Por largo tempo, a soluçar, se escuta
Num longo choro a entrecortada queixa
Das deslumbrantes carnes escondidas...

Quarenta anos

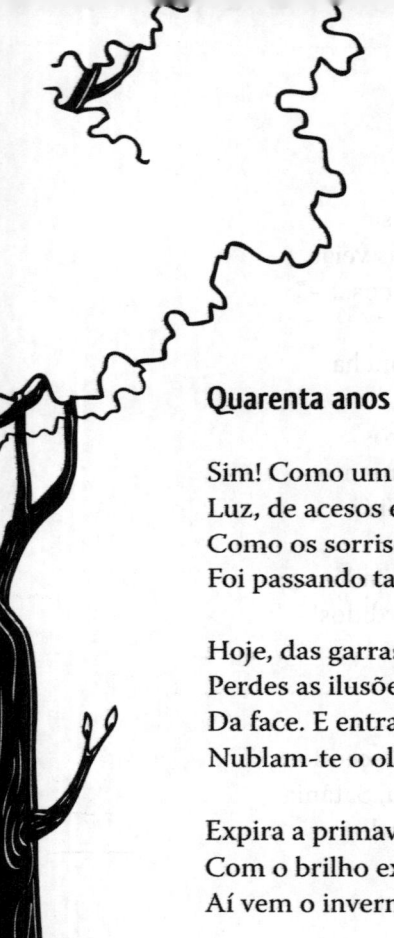

Sim! Como um dia de verão, de acesa
Luz, de acesos e cálidos fulgores,
Como os sorrisos da estação das flores,
Foi passando também tua beleza.

Hoje, das garras da descrença presa,
Perdes as ilusões. Vão-se-te as cores
Da face. E entram-te n'alma os dissabores,
Nublam-te o olhar as sombras da tristeza.

Expira a primavera. O sol fulgura
Com o brilho extremo... E aí vêm as noites frias,
Aí vem o inverno da velhice escura...

Ah! pudesse eu fazer, novo Ezequias,
Que o sol poente dessa formosura
Volvesse à aurora dos primeiros dias!

Vestígios

Foram-te os anos consumindo aquela
Beleza outrora viva e hoje perdida...
Porém teu rosto da passada vida
Inda uns vestígios trêmulos revela.

Assim, dos rudes furacões batida,
Velha, exposta aos furores da procela,
Uma árvore de pé, serena e bela,
Inda se ostenta, na floresta erguida.

Raivoso o raio a lasca, e a estala, e a fende...
Racha-lhe o tronco anoso... Mas, em cima,
Verde folhagem triunfal se estende.

Mal segura no chão, vacila... Embora!
Inda os ninhos conserva, e se reanima
Ao chilrear dos pássaros de outrora...

No cárcere

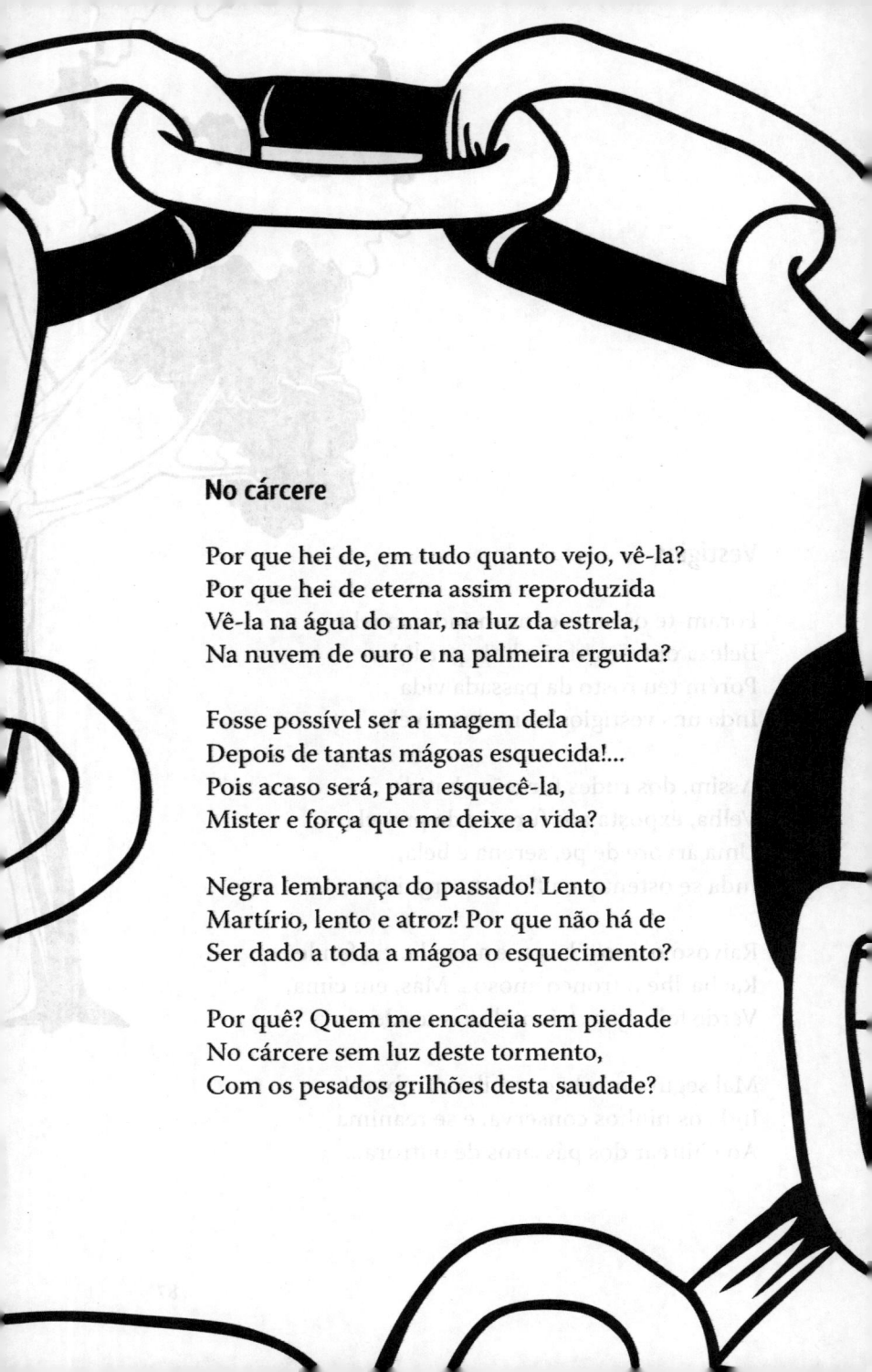

Por que hei de, em tudo quanto vejo, vê-la?
Por que hei de eterna assim reproduzida
Vê-la na água do mar, na luz da estrela,
Na nuvem de ouro e na palmeira erguida?

Fosse possível ser a imagem dela
Depois de tantas mágoas esquecida!...
Pois acaso será, para esquecê-la,
Mister e força que me deixe a vida?

Negra lembrança do passado! Lento
Martírio, lento e atroz! Por que não há de
Ser dado a toda a mágoa o esquecimento?

Por quê? Quem me encadeia sem piedade
No cárcere sem luz deste tormento,
Com os pesados grilhões desta saudade?

Nel mezzo del camin...

Cheguei. Chegaste. Vinhas fatigada
E triste, e triste e fatigado eu vinha.
Tinhas a alma de sonhos povoada,
E a alma de sonhos povoada eu tinha...

E paramos de súbito na estrada
Da vida: longos anos, presa à minha
A tua mão, a vista deslumbrada
Tive da luz que teu olhar continha.

Hoje, segues de novo... Na partida
Nem o pranto os teus olhos umedece,
Nem te comove a dor da despedida.

E eu, solitário, volto a face, e tremo,
Vendo o teu vulto que desaparece
Na extrema curva do caminho extremo.

Solitudo

Já que te é grato o sofrimento alheio,
Vai! Não fique em minh'alma nem um traço,
Nem um vestígio teu! Por todo o espaço
Se estenda o luto carregado e feio.

Turvem-se os largos céus... No leito escasso
Dos rios a água seque... E eu tenha o seio
Como um deserto pavoroso, cheio
De horrores, sem sinal de humano passo...

Vão-se as aves e as flores juntamente
Contigo... Torre o sol a verde alfombra,
A areia envolva a solidão inteira...

E só fique em meu peito o Saara ardente
Sem um oásis, sem a esquiva sombra
De uma isolada e trêmula palmeira!

ALMA INQUIETA

A avenida das lágrimas

A um Poeta morto

Quando a primeira vez a harmonia secreta
De uma lira acordou, gemendo, a terra inteira,
– Dentro do coração do primeiro poeta
Desabrochou a flor da lágrima primeira.

E o poeta sentiu os olhos rasos de água;
Subiu-lhe à boca, ansioso, o primeiro queixume:
Tinha nascido a flor da Paixão e da Mágoa,
Que possui, como a rosa, espinhos e perfume.

E na terra, por onde o sonhador passava,
Ia a roxa corola espalhando as sementes:
De modo que, a brilhar, pelo solo ficava
Uma vegetação de lágrimas ardentes.

Foi assim que se fez a Via Dolorosa,
A avenida ensombrada e triste da Saudade,
Onde se arrasta, à noite, a procissão chorosa
Dos órfãos do carinho e da felicidade.

Recalcando no peito os gritos e os soluços,
Tu conheceste bem essa longa avenida,
– Tu que, chorando em vão, te esfalfaste, de bruços,
Para, infeliz, galgar o Calvário da Vida.

Teu pé deixou também um sinal neste solo;
Também por este solo arrastaste o teu manto...
E, ó Musa, a harpa infeliz que sustinhas ao colo,
Passou para outras mãos, molhou-se de outro pranto.

Mas tua alma ficou, livre da desventura,
Docemente sonhando, às carícias da Lua:
Entre as flores, agora, uma outra flor fulgura,
Guardando na corola uma lembrança tua...

O aroma dessa flor, que o teu martírio encerra,
Se imortalizará, pelas almas disperso:
– Porque purificou a torpeza da terra
Quem deixou sobre a terra uma lágrima e um verso.

Inania verba

Ah! quem há de exprimir, alma impotente e escrava,
O que a boca não diz, o que a mão não escreve?
– Ardes, sangras, pregada à tua cruz, e, em breve,
Olhas, desfeito em lodo, o que te deslumbrava...

O Pensamento ferve, e é um turbilhão de lava:
A Forma, fria e espessa, é um sepulcro de neve...
E a Palavra pesada abafa a Ideia leve,
Que, perfume e clarão, refulgia e voava.

Quem o molde achará para a expressão de tudo?
Ai! quem há de dizer as ânsias infinitas
Do sonho? e o céu que foge à mão que se levanta?

E a ira muda? e o asco mudo? e o desespero mudo?
E as palavras de fé que nunca foram ditas?
E as confissões de amor que morrem na garganta?!

Incontentado

Paixão sem grita, amor sem agonia,
Que não oprime nem magoa o peito,
Que nada mais do que possui queria,
E com tão pouco vive satisfeito...

Amor, que os exageros repudia,
Misturado de estima e de respeito,
E, tirando das mágoas alegria,
Fica farto, ficando sem proveito...

Viva sempre a paixão que me consome,
Sem uma queixa, sem um só lamento!
Arda sempre este amor que desanimas!

E eu tenha sempre, ao murmurar teu nome,
O coração, malgrado o sofrimento,
Como um rosal desabrochado em rimas.

Sonho

Quantas vezes, em sonho, as asas da saudade
Solto para onde estás, e fico de ti perto!
Como, depois do sonho, é triste a realidade!
Como tudo, sem ti, fica depois deserto!

Sonho... Minha alma voa. O ar gorjeia e soluça.
Noite... A amplidão se estende, iluminada e calma:
De cada estrela de ouro um anjo se debruça,
E abre o olhar espantado, ao ver passar minha alma.

Há por tudo a alegria e o rumor de um noivado.
Em torno a cada ninho anda bailando uma asa.
E, como sobre um leito um alvo cortinado,
Alva, a luz do luar cai sobre a tua casa.

Porém, subitamente, um relâmpago corta
Todo o espaço... O rumor de um salmo se levanta
E, sorrindo, serena, apareces à porta,
Como numa moldura a imagem de uma Santa...

Primavera

Ah! quem nos dera que isto, como outrora,
Inda nos comovesse! Ah! quem nos dera
Que inda juntos pudéssemos agora
Ver o desabrochar da primavera!

Saíamos com os pássaros e a aurora.
E, no chão, sobre os troncos cheios de hera,
Sentavas-te sorrindo, de hora em hora:
"Beijemo-nos! amemo-nos! espera!"

E esse corpo de rosa recendia,
E aos meus beijos de fogo palpitava,
Alquebrado de amor e de cansaço...

A alma da terra gorjeava e ria...
Nascia a primavera... E eu te levava,
Primavera de carne, pelo braço!

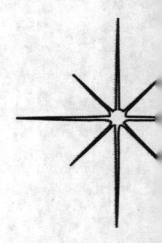

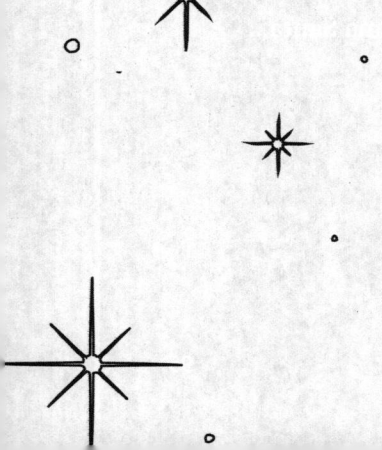

Virgens mortas

Quando uma virgem morre, uma estrela aparece,
Nova, no velho engaste azul do firmamento:
E a alma da que morreu, de momento em momento,
Na luz da que nasceu palpita e resplandece.

Ó vós, que, no silêncio e no recolhimento
Do campo, conversais a sós, quando anoitece,
Cuidado! – o que dizeis, como um rumor de prece,
Vai sussurrar no céu, levado pelo vento...

Namorados, que andais, com a boca transbordando
De beijos, perturbando o campo sossegado
E o casto coração das flores inflamando,

– Piedade! elas veem tudo entre as moitas escuras...
Piedade! esse impudor ofende o olhar gelado
Das que viveram sós, das que morreram puras!

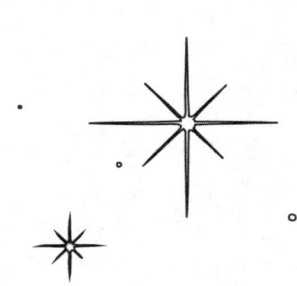

Tercetos

I

Noite ainda, quando ela me pedia
Entre dois beijos que me fosse embora,
Eu, com os olhos em lágrimas, dizia:

"Espera ao menos que desponte a aurora!
Tua alcova é cheirosa como um ninho...
E olha que escuridão há lá por fora!

Como queres que eu vá, triste e sozinho,
Casando a treva e o frio de meu peito
Ao frio e à treva que há pelo caminho?!

Ouves? é o vento! é um temporal desfeito!
Não me arrojes à chuva e à tempestade!
Não me exiles do vale do teu leito!

Morrerei de aflição e de saudade...
Espera! até que o dia resplandeça,
Aquece-me com a tua mocidade!

Sobre o teu colo deixa-me a cabeça
Repousar, como há pouco repousava...
Espera um pouco! deixa que amanheça!"

— E ela abria-me os braços. E eu ficava.

II

E, já manhã, quando ela me pedia
Que de seu claro corpo me afastasse,
Eu, com os olhos em lágrimas, dizia:

"Não pode ser! não vês que o dia nasce?
A aurora, em fogo e sangue, as nuvens corta...
Que diria de ti quem me encontrasse?

Ah! nem me digas que isso pouco importa!...
Que pensariam, vendo-me, apressado,
Tão cedo assim, saindo a tua porta,

Vendo-me exausto, pálido, cansado,
E todo pelo aroma de teu beijo
Escandalosamente perfumado?

O amor, querida, não exclui o pejo...
Espera! até que o sol desapareça,
Beija-me a boca! mata-me o desejo!

Sobre o teu colo deixa-me a cabeça
Repousar, como há pouco repousava!
Espera um pouco! deixa que anoiteça!"

– E ela abria-me os braços. E eu ficava.

In extremis

Nunca morrer assim! Nunca morrer num dia
Assim! de um sol assim!
             Tu, desgrenhada e fria,
Fria! postos nos meus os teus olhos molhados,
E apertando nos teus os meus dedos gelados...

E um dia assim! de um sol assim! E assim a esfera
Toda azul, no esplendor do fim da primavera!
Asas, tontas de luz, cortando o firmamento!
Ninhos cantando! Em flor a terra toda! O vento
Despencando os rosais, sacudindo o arvoredo...

E, aqui dentro, o silêncio... E este espanto! e este medo!
Nós dois... e, entre nós dois, implacável e forte,
A arredar-me de ti, cada vez mais, a morte...

Eu, com o frio a crescer no coração — tão cheio
De ti, até no horror do derradeiro anseio!
Tu, vendo retorcer-se amarguradamente,
A boca que beijava a tua boca ardente,
A boca que foi tua!

             E eu morrendo! e eu morrendo
Vendo-te, e vendo o sol, e vendo o céu, e vendo
Tão bela palpitar nos teus olhos, querida,
A delícia da vida! a delícia da vida!

Desterro

Já me não amas? Basta! Irei, triste, e exilado
Do meu primeiro amor para outro amor, sozinho...
Adeus, carne cheirosa! Adeus, primeiro ninho
Do meu delírio! Adeus, belo corpo adorado!

Em ti, como num vale, adormeci deitado,
No meu sonho de amor, em meio do caminho...
Beijo-te inda uma vez, num último carinho,
Como quem vai sair da pátria desterrado...

Adeus, corpo gentil, pátria do meu desejo!
Berço em que se emplumou o meu primeiro idílio,
Terra em que floresceu o meu primeiro beijo!

Adeus! Esse outro amor há de amargar-me tanto
Como o pão que se come entre estranhos, no exílio,
Amassado com fel e embebido de pranto...

Velhas árvores

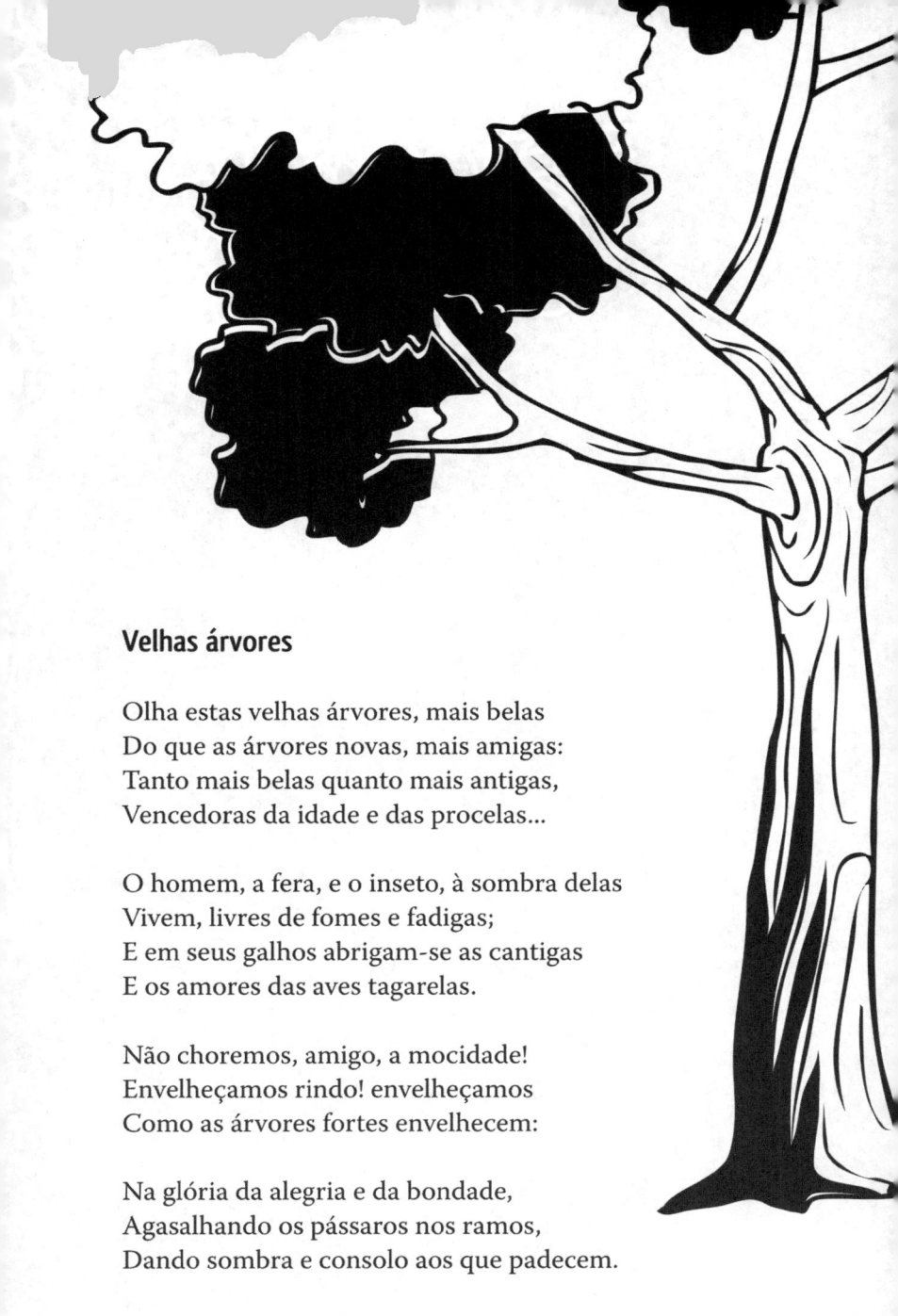

Olha estas velhas árvores, mais belas
Do que as árvores novas, mais amigas:
Tanto mais belas quanto mais antigas,
Vencedoras da idade e das procelas...

O homem, a fera, e o inseto, à sombra delas
Vivem, livres de fomes e fadigas;
E em seus galhos abrigam-se as cantigas
E os amores das aves tagarelas.

Não choremos, amigo, a mocidade!
Envelheçamos rindo! envelheçamos
Como as árvores fortes envelhecem:

Na glória da alegria e da bondade,
Agasalhando os pássaros nos ramos,
Dando sombra e consolo aos que padecem.

Maldição

Se por vinte anos, nesta furna escura,
Deixei dormir a minha maldição,
– Hoje, velha e cansada da amargura,
Minh'alma se abrirá como um vulcão.

E, em torrentes de cólera e loucura,
Sobre a tua cabeça ferverão
Vinte anos de silêncio e de tortura,
Vinte anos de agonia e solidão...

Maldita sejas pelo Ideal perdido!
Pelo mal que fizeste sem querer!
Pelo amor que morreu sem ter nascido!

Pelas horas vividas sem prazer!
Pela tristeza do que eu tenho sido!
Pelo esplendor do que eu deixei de ser!...

Última página

Primavera. Um sorriso aberto em tudo. Os ramos
Numa palpitação de flores e de ninhos.
Doirava o sol de outubro a areia dos caminhos
(Lembras-te, Rosa?) e ao sol de outubro nos amamos.

Verão. (Lembras-te, Dulce?) À beira-mar, sozinhos,
Tentou-nos o pecado: olhaste-me... e pecamos;
E o outono desfolhava os roseirais vizinhos,
Ó Laura, a vez primeira em que nos abraçamos...

Veio o inverno. Porém, sentada em meus joelhos,
Nua, presos aos meus os teus lábios vermelhos
(Lembras-te, Branca?), ardia a tua carne em flor...

Carne, que queres mais? Coração, que mais queres?
Passam as estações e passam as mulheres...
E eu tenho amado tanto! e não conheço o Amor!

AS VIAGENS

I

Primeira Migração

Sinto às vezes ferir-me a retina ofuscada
Um sonho: – A Natureza abre as perpétuas fontes;
E, ao clarão criador que invade os horizontes,
Vejo a Terra sorrir à primeira alvorada.

Nos mares e nos céus, nas rechãs e nos montes,
A Vida canta, chora, arde, delira, brada...
E arfa a Terra, num parto horrendo, carregada
De monstros, de mamutes e de rinocerontes.

Rude, uma geração de gigantes acorda
Para a conquista. A uivar, do refúgio das furnas
A migração primeira, em torvelins, transborda.

E ouço, longe, rodar, nas primitivas eras,
Como uma tempestade entre as sombras noturnas,
O estrupido brutal dessa invasão de feras.

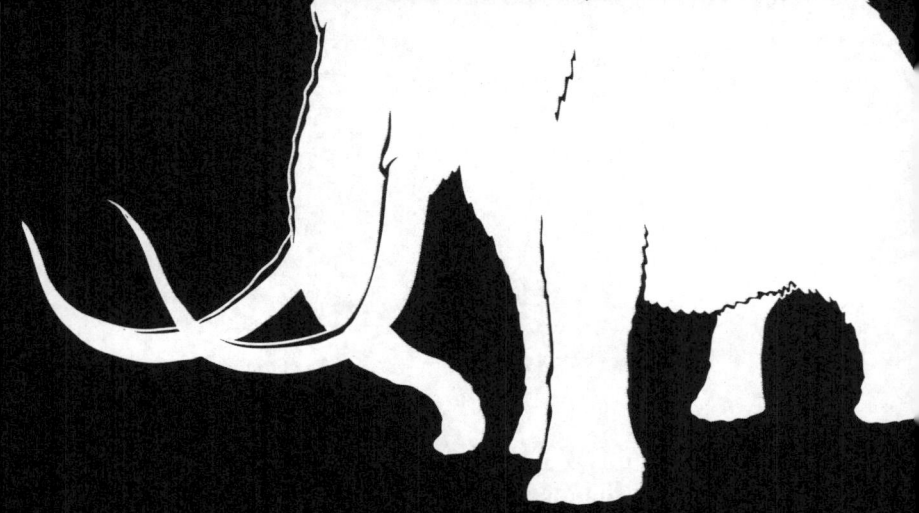

II

Os Fenícios

Ávida gente, ousada e moça! Ávida gente!
– Desse estéril torrão, desse areal maninho
Entre o Líbano e o mar da Síria – que caminho
Busca, turvo de febre, o vosso olhar ardente?

Tiro, do vivo azul do pélago marinho,
Branca, nadando em luz, surge resplandecente...
Na água, aberta em clarões, chocam-se de repente
Os remos. Rangem no ar os velames de linho.

Hiram, com o cetro negro em que ardem pedrarias,
Conta as barcas de cedro, atupidas de fardos
De ouro, púrpura, ônix, sedas e especiarias.

Sus! Ao largo! Melcarte abençoe a partida
Dos que vão de Sídon, de Gebel e de Antardus
Dilatar o comércio e propagar a Vida!

III

Israel

Caminhar! caminhar!... O deserto primeiro,
O mar depois... Areia e fogo... Foragida,
A tua raça corre os desastres da vida,
Insultada na pátria e odiada no estrangeiro!

Onde o leite, onde o mel da Terra Prometida?
– A guerra! a ira de Deus! o êxodo! o cativeiro!
E, molhada de pranto, a oscilar de um salgueiro,
A tua harpa, Israel, a tua harpa esquecida!

Sem templo, sem altar, vagas perpetuamente.
E, em torno de Sião, do Líbano ao Mar Morto,
Fulge, de monte em monte, o escárnio do Crescente:

E, impassível, Jeová te vê, do céu profundo,
Náufrago amaldiçoado a errar de porto em porto,
Entre as imprecações e os ultrajes do mundo!

IV

Alexandre

Quem te cantara um dia a ambição desmarcada,
Filho da heráclea estirpe! e o clamor infinito
Com que o povo da Emátia acorreu ao teu grito,
Voando, como um tufão, sobre a terra abrasada!

Do Adriático mar ao Indo, e do Egito
Ao Cáucaso, o fulgor do aceiro dessa espada
Prosternava, a tremer, sobre a lama da estrada,
Ídolos de ouro e bronze, e esfinges de granito.

Mar que regouga e estronda, espedaçando diques
– Aos confins da Ásia rica as falanges corriam,
Encrespadas de fúria e erriçadas de piques.

E do sangue, do pó, dos destroços da guerra,
Aos teus pés, palpitando, as cidades nasciam,
E a Alma Grega, contigo, avassalava a Terra!

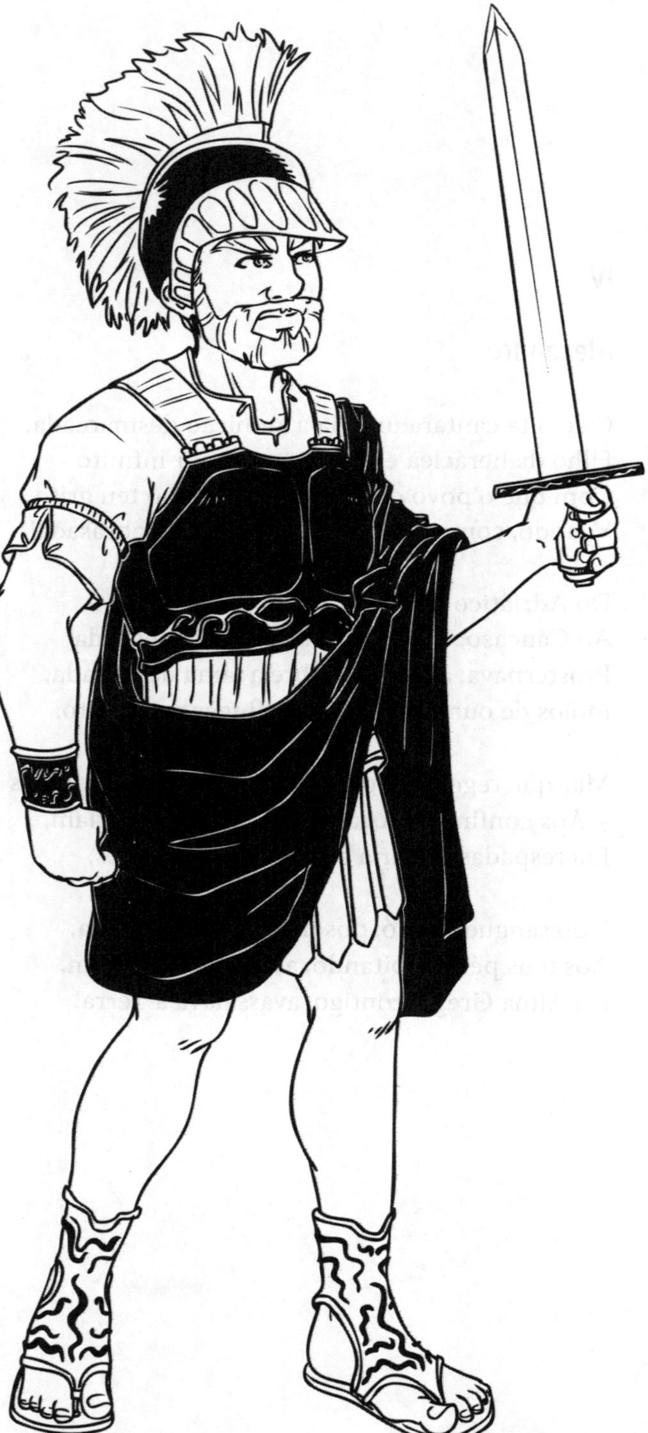

V

César

Na ilha de Seine. O mar brame na costa bruta.
Gemem os bardos. Triste, o olhar por céus em fora
Uma druidisa alonga, e os astros mira, e chora
De pé, no limiar de tenebrosa gruta.

Abandonou-te o deus que a tua raça adora,
Pobre filha de Teut! César aí vem! Escuta
O passo das legiões! ouve o fragor da luta
E o alto e crebro clangor da bucina sonora!

Dos Alpes, sacudindo as asas de ouro ao vento,
As grandes águias sobre os domínios gauleses
Descem, escurecendo o azul do firmamento...

E já, do Interno Mar ao Mar Armoricano,
Retumba o entrechocar dos rútilos paveses
Que carregam à glória o Imperador romano.

VI

Os Bárbaros

Ventre nu, seios nus, toda nua, cantando
Do esmorecer da tarde ao ressurgir do dia,
Roma lasciva e louca, ao rebramar da orgia,
Sonhava, de triclínio em triclínio rolando.

Mas lá da longe Cítia e da Germânia fria,
Esfaimado, rangendo os dentes, como um bando
De lobos o sabor da presa antegozando,
O tropel rugidor dos Bárbaros descia.

Ei-los! A erva, aos seus pés, mirra. De sangue cheios
Turvam-se os rios. Louca, a floresta farfalha...
E ei-los – torvos, brutais, cabeludos e feios!

Donar, Pai da Tormenta, à frente deles corre;
E a ígnea barba do deus, que o incêndio ateia e espalha,
Ilumina a agonia a esse império que morre...

VII

As Cruzadas

> *Diante de um retrato antigo*

Fulge-te o morrião sobre o cabelo louro,
E avultas na moldura, alto, esbelto e membrudo,
Guerreiro que por Deus abandonaste tudo,
Desbaratando o Turco, o Sarraceno e o Mouro!

Brilha-te a lança à mão, presa ao guante de couro.
Nos peitorais de ferro arfa-te o peito ossudo.
E alça-se-te o brasão sobre a chapa do escudo,
Nobre: – em campo de blau sete besantes de ouro.

"Diex le volt!" E, barão entre os barões primeiros
Foste, através da Europa, ao Sepulcro ameaçado,
Dentro de um turbilhão de pajens e escudeiros...

E era-te o gládio ao punho um relâmpago ardente!
E o teu pendão de guerra ondeou, glorioso, ao lado
Do pendão de Balduíno, Imperador do Oriente.

VIII

As Índias

Se a atração da ventura os sonhos te arrebata,
Conquistador, ao largo! A tua alma sedenta
Quer a glória, a conquista, o perigo, a tormenta?
Ao largo! saciarás a ambição que te mata!

Bela, verás surgir, da água azul que a retrata,
Catai, a cujos pés o mar em flor rebenta;
E Cipango verás, fabulosa e opulenta,
Apunhalando o céu com as torres de ouro e prata.

Pisarás com desprezo as pérolas mais belas!
De mirra, de marfim, de incenso carregadas,
Se arrastarão, arfando, as tuas caravelas.

E, a aclamar-te Senhor das Terras e dos Mares,
Os régulos e os reis das ilhas conquistadas
Se humilharão, beijando o solo que pisares...

IX

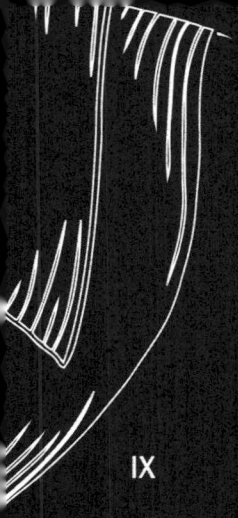

O Brasil

Para! Uma terra nova ao teu olhar fulgura!
Detém-te! Aqui, de encontro a verdejantes plagas,
Em carícias se muda a inclemência das vagas...
Este é o reino da Luz, do Amor e da Fartura!

Treme-te a voz afeita às blasfêmias e às pragas,
Ó nauta! Olha-a, de pé, virgem morena e pura,
Que aos teus beijos entrega, em plena formosura,
– Os dous seios que, ardendo em desejos, afagas...

Beija-a! O Sol tropical deu-lhe à pele doirada
O barulho do ninho, o perfume da rosa,
A frescura do rio, o esplendor da alvorada...

Beija-a! é a mais bela flor da Natureza inteira!
E farta-te de amor nessa carne cheirosa,
Ó desvirginador da Terra Brasileira!

X

O Voador

> *Padre Bartolomeu Lourenço de*
> *Gusmão, inventor do aerostato,*
> *morreu miseravelmente num*
> *convento, em Toledo, sem*
> *ter quem lhe velasse a agonia.*

Em Toledo. Lá fora, a vida tumultua
E canta. A multidão em festa se atropela...
E o pobre, que o suor da agonia enregela,
Cuida o seu nome ouvir na aclamação da rua.

Agoniza o Voador. Piedosamente, a lua
Vem velar-lhe a agonia, através da janela...
A Febre, o Sonho, a Glória enchem a escura cela,
E entre as névoas da morte uma visão flutua:

"Voar! varrer o céu com as asas poderosas,
Sobre as nuvens! correr o mar das nebulosas,
Os continentes de ouro e fogo da amplidão!..."

E o pranto do luar cai sobre o catre imundo...
E em farrapos, sozinho, arqueja moribundo
Padre Bartolomeu Lourenço de Gusmão...

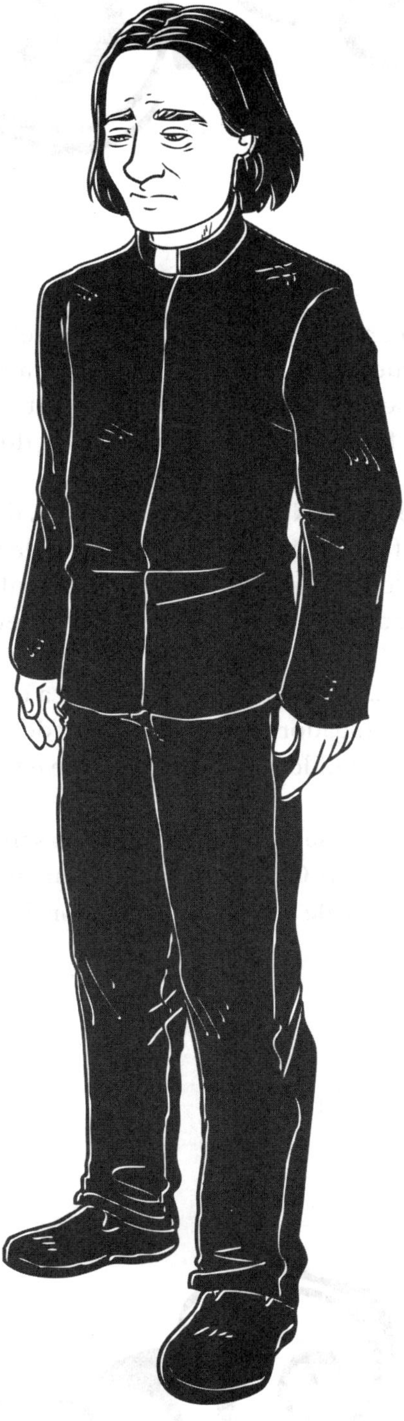

XI

O Polo

"Para, conquistador intimorato e forte!
Para! que buscas mais que te enobreça e eleve?
É tão alegre o sol! a existência é tão breve!
E é tão fria essa tumba entre os gelos do Norte!

Dorme o céu. Numa ronda esquálida, de leve,
Erram fantasmas. Reina um silêncio de morte.
Focas de vulto informe, ursos de estranho porte
Morosamente vão de rastros sobre a neve..."

Em vão!... E o gelo cresce, e espedaça o navio.
E ele, subjugador do perigo e do medo,
Sem um gemido cai, morto de fome e frio.

E o Mistério se fecha aos seus olhos serenos...
Que importa? Outros virão devassar-lhe o segredo!
Um cadáver de mais... um sonhador de menos...

XII

A Morte

Oh! a jornada negra! A alma se despedaça...
Tremem as mãos... O olhar, molhado e ansioso, espia,
E vê fugir, fugir a ribanceira fria,
Por onde a procissão dos dias mortos passa.

No céu gelado expira o derradeiro dia,
Na última região que o teu olhar devassa!
E só, trevoso e largo, o mar estardalhaça
No indizível horror de uma noite vazia...

Pobre! por que, a sofrer, a Leste e a Oeste, ao Norte
E ao Sul, desperdiçaste a força de tua alma?
Tinhas tão perto o Bem, tendo tão perto a Morte!

Paz à tua ambição! paz à tua loucura!
A conquista melhor é a conquista da Calma:
— Conquistaste o país do Sono e da Ventura!

XIII

A missão de Purna

Do Evangelho de Buda

....

Ora Buda, que, em prol da nova fé, levanta
Na Índia antiga o clamor de uma cruzada santa
Contra a religião dos Brâmanes – medita.

Imensa, em torno ao sábio, a multidão se agita:
E há nessa multidão, que enche a planície vasta,
Homens de toda a espécie, Árias de toda a casta.

Todos os que (a princípio, enchia Brama o espaço)
Da cabeça, do pé, da coxa ou do antebraço
Do deus vieram à luz para povoar a terra:
– Xátrias, de braço forte armado para a guerra;
Sáquias, filhos de reis; leprosos perseguidos
Como cães, como cães de lar em lar corridos;
Os que vivem no mal e os que amam a virtude;
Os ricos de beleza e os pobres de saúde;
Mulheres fortes, mães ou prostitutas, cheio
De tentações o olhar ou de alvo leite o seio;
Guardadores de bois; robustos lavradores,
A cujo arado a terra abre em frutos e flores;
Crianças; anciãos; sacerdotes de Brama;
Párias, Sudras servis rastejando na lama;
– Todos acham amor dentro da alma de Buda,
E tudo nesse amor se eterniza e transmuda...
Porque o sábio, envolvendo a tudo, em seu caminho

Na mesma caridade e no mesmo carinho,
Sem distinção promete a toda a raça humana
A bem-aventurança eterna do Nirvana.

Ora, Buda medita...
                    À maneira do orvalho,
Que, na calma da noite, anda de galho em galho
Dando vida e umidade às árvores crestadas,
Aos corações sem fé e às almas desgraçadas
Concede o novo credo a esperança do sono:
Mas... as almas que estão, no horrível abandono
Dos desertos, de par com os animais ferozes,
Longe de humano olhar, longe de humanas vozes,
A rolar, a rolar de pecado em pecado?...

Ergue-se Buda:
            "Purna!"
                    O discípulo amado
Chega:
        "Purna! é mister que a palavra divina
Da água do mar de Omã à água do mar da China,
Longe do Indo natal e das margens do Ganges,
Semeies, através de dardos, e de alfanjes,
E de torturas!"

                Purna ouve sorrindo, e cala...
No silêncio em que está, um sonho doce o embala.
No profundo clarão do seu olhar profundo
Brilham a ânsia da morte e o desprezo do mundo.
O corpo, que o rigor das privações consome,
Esquelético, nu, comido pela fome,

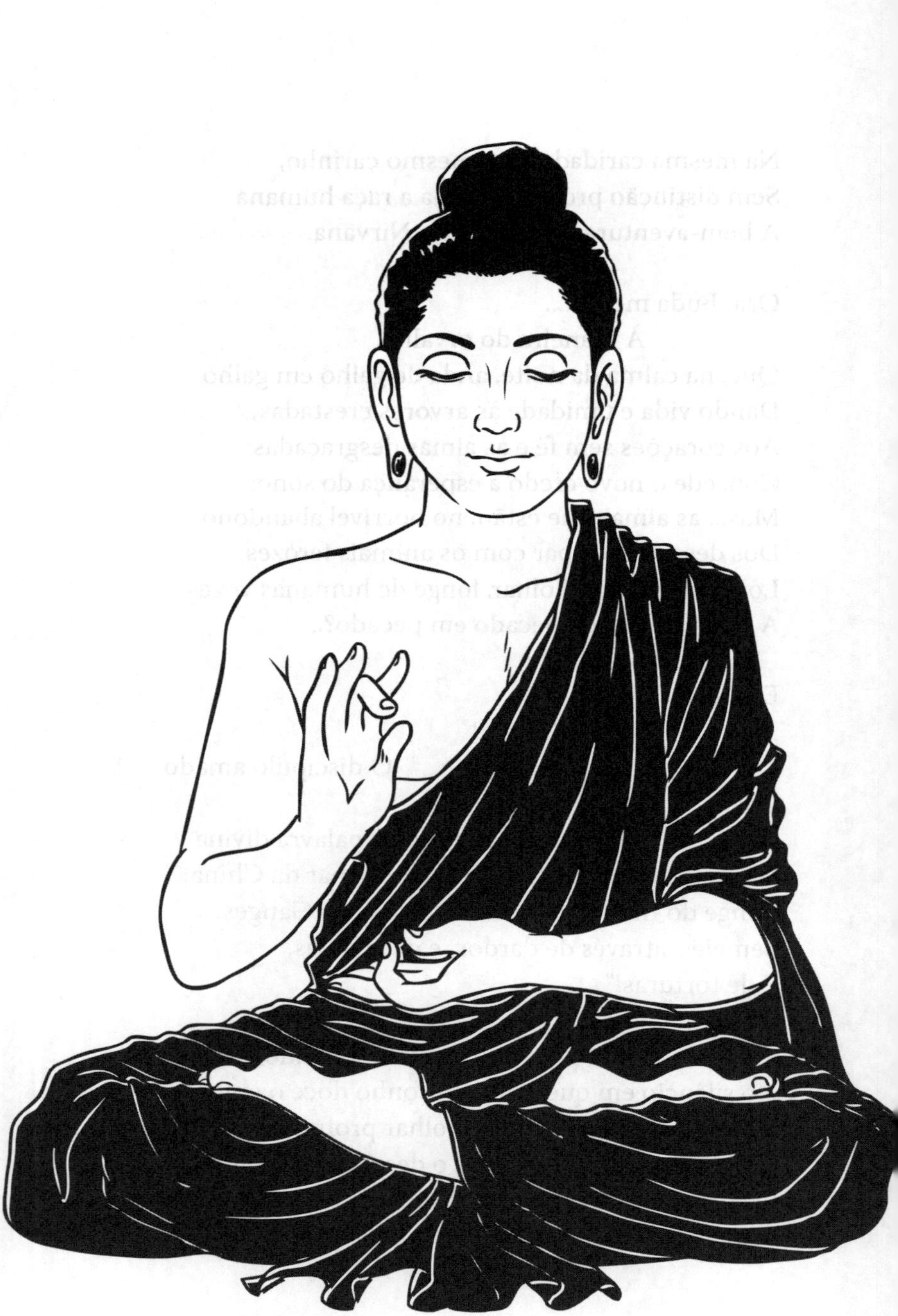

Treme, quase a cair, como um bambu com o vento;
E erra-lhe à flor da boca a luz do firmamento
Presa a um sorriso de anjo...

                      E ajoelha junto ao Santo:
Beija-lhe o pó dos pés, beija-lhe o pó do manto.

"Filho amado! – diz Buda – essas bárbaras gentes
São grosseiras e vis, são rudes e inclementes;
Se os homens (que, em geral, são maus os homens todos)
Te insultarem a crença, e a cobrirem de apodos,
Que dirás, que farás contra essa gente inculta?"

"Mestre! direi que é boa a gente que me insulta,
Pois, podendo ferir-me, apenas me injuria..."

"Filho amado! e se a injúria abandonando, um dia
Um homem te espancar, vendo-te fraco e inerme,
E sem piedade aos pés te pisar, como a um verme?"

"Mestre! direi que é bom o homem que me magoa,
Pois, podendo ferir-me, apenas me esbordoa..."

"Filho amado! e se alguém, vendo-te agonizante,
Te furar com um punhal a carne palpitante?"

"Mestre! direi que é bom quem minha carne fura,
Pois, podendo matar-me, apenas me tortura..."

"Filho amado! e se, enfim, sedentos de mais sangue,
Te arrancarem ao corpo enfraquecido e exangue
O último alento, o sopro último da existência,
Que dirás, ao morrer, contra tanta inclemência?"

"Mestre! direi que é bom quem me livra da vida...
Mestre! direi que adoro a mão boa e querida,
Que, com tão pouca dor, minha carne cansada
Entrega ao sumo bem e à suma paz do Nada!"

"Filho amado! – diz Buda – a palavra divina,
Da água do mar de Oman à água do mar da China,
Longe do Indo natal e dos vales do Ganges,
Vai levar, através de dardos e de alfanjes!
Purna! ao fim da Renúncia e ao fim da Caridade
Chegaste, estrangulando a tua humanidade!
Tu, sim! podes partir, apóstolo perfeito,
Que o Nirvana já tens dentro do próprio peito,
E és digno de ir pregar a toda a raça humana
A bem-aventurança eterna do Nirvana!"

XIV

Sagres

> *Acreditavam os antigos celtas,*
> *do Guadiana espalhados até*
> *a costa, que, no templo circular*
> *do Promontório Sacro, se reuniam*
> *à noite os deuses, em misteriosas*
> *conversas com esse mar cheio*
> *de enganos e tentações.*
>
> Oliveira Martins, *História de Portugal*

Em Sagres. Ao tufão, que se desencadeia,
A água negra, em cachões, se precipita, a uivar;
Retorcem-se gemendo os zimbros sobre a areia...
E, impassível, opondo ao mar o vulto enorme,
Sob as trevas do céu, pelas trevas do mar,
Berço de um mundo novo, o promontório dorme.

Só, na trágica noite e no sítio medonho,
Inquieto como o mar sentindo o coração,
Mais largo do que o mar sentindo o próprio sonho
— Só, aferrando os pés sobre um penhasco a pique,
Sorvendo a ventania e espiando a escuridão,
Queda, como um fantasma, o Infante Dom Henrique...

Casto, fugindo o amor, atravessa a existência
Imune de paixões, sem um grito sequer
Na carne adormecida em plena adolescência;
E nunca aproximou da face envelhecida
O nectário da flor, a boca da mulher,
Nada do que perfuma o deserto da vida.

Forte, em Ceuta, ao clamor dos pífanos de guerra,
Entre as mesnadas (quando a matança sem dó
Dizimava a moirama e estremecia a terra),
Viram-no levantar, imortal e brilhante,
Entre os raios do Sol, entre as nuvens do pó,
A alma de Portugal no aceiro do montante.

Em Tânger, na jornada atroz do desbarato
– Duro, ensopando os pés em sangue português,
Empedrado na teima e no orgulho insensato,
Calmo, na confusão do horrendo desenlace
– Vira partir o irmão para as prisões de Fez,
Sem um tremor na voz, sem um tremor na face.

É que o Sonho lhe traz dentro de um pensamento
A alma toda cativa. A alma de um sonhador
Guarda em si mesma a terra, o mar, o firmamento,
E, cerrada de todo à inspiração de fora,
Vive como um vulcão, cujo fogo interior
A si mesmo imortal se nutre e se devora.

"Terras da Fantasia! Ilhas Afortunadas,
Virgens, sob a meiguice e a limpidez do céu,
Como ninfas, à flor das águas remansadas!
– Pondo o rumo das naus contra a noite horrorosa
Quem sondara esse abismo e rompera esse véu,
Ó sonho de Platão, Atlântida formosa!

Mar tenebroso! aqui recebes, porventura,
A síncope da vida, a agonia da luz?...
Começa o Caos aqui, na orla da praia escura?
É a mortalha do mundo a bruma que te veste?
Mas não! por trás da bruma, erguendo ao sol a Cruz,
Vós sorrides ao sol, Terras Cristãs do Preste!

Promontório Sagrado! Aos teus pés, amoroso,
Chora o monstro... Aos teus pés, todo o grande poder,
Toda a força se esvai do Oceano Tenebroso...
Que ansiedade lhe agita os flancos? Que segredo,
Que palavras confia essa boca, a gemer,
Entre beijos de espuma, à algidez do rochedo?

Que montanhas mordeu, no seu furor sagrado?
Que rios, através de selvas e areais,
Vieram nele encontrar um túmulo ignorado?
De onde vem ele? ao sol de que remotas plagas
Borbulhou e dormiu? que cidades reais
Embalou no regaço azul de suas vagas?

Se tudo é morte além – em que deserto horrendo,
Em que ninho de treva os astros vão dormir?
Em que solidão o Sol sepulta-se, morrendo?
Se tudo é morte além, por que, a sofrer sem calma,
Erguendo os braços no ar, havemos de sentir
Estas aspirações, como asas dentro da alma?"

....

E, torturado e só, sobre o penhasco a pique,
Com os olhos febris furando a escuridão,
Queda como um fantasma o Infante Dom Henrique...
Entre os zimbros e a névoa, entre o vento e a salsugem,
A voz incompreendida, a voz da Tentação
Canta, ao surdo bater dos macaréus que rugem:

    "Ao largo, Ousado! o segredo
    Espera, com ansiedade,
    Alguém privado de medo
    E provido de vontade...

    Verás destes mares largos
    Dissipar-se a cerração!
    Aguça os teus olhos, Argos:
    Tomará corpo a visão...

    Sonha, afastado da guerra,
    De tudo! – em tua fraqueza,
    Tu, dessa ponta de terra,
    Dominas a natureza!

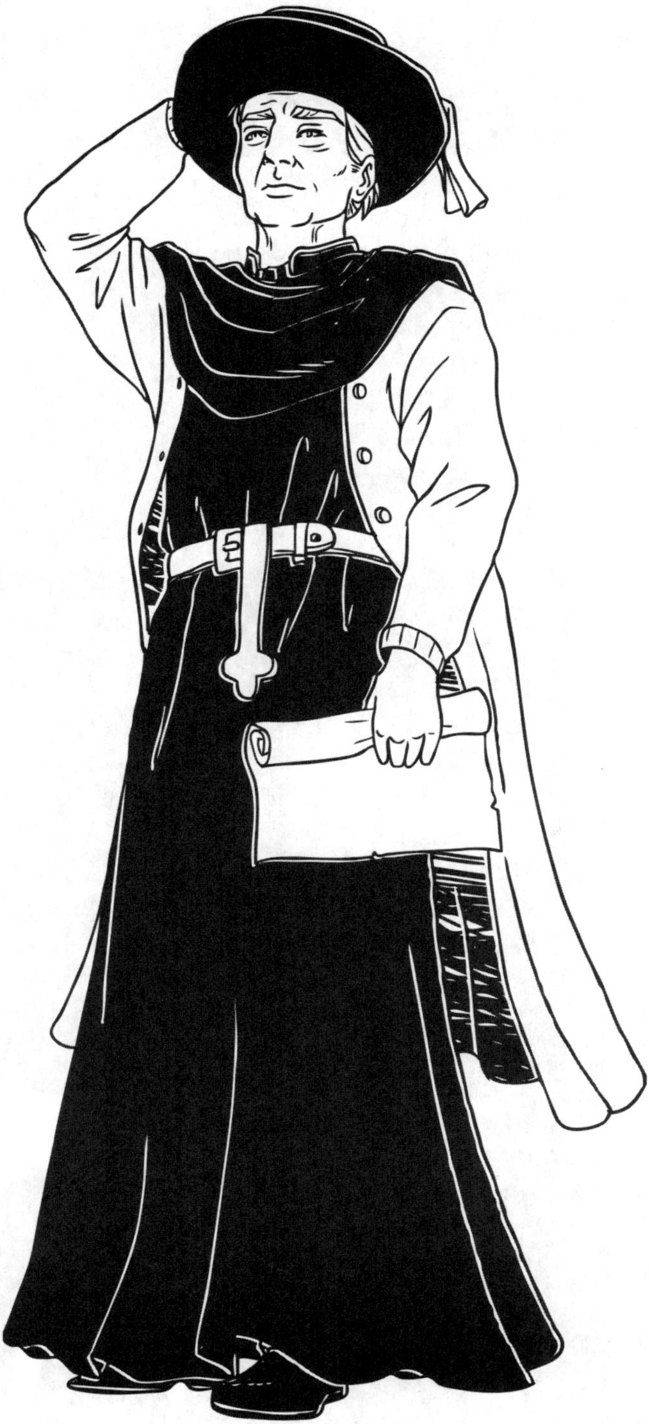

Na escuridão que te cinge,
Édipo! com altivez,
No olhar da líquida esfinge
O olhar mergulhas, e lês...

Tu que, casto, entre os teus sábios,
Murchando a flor dos teus dias,
Sobre mapas e astrolábios
Encaneces e porfias;

Tu, buscando o oceano infindo,
Tu, apartado dos teus
(Para, dos homens fugindo,
Ficar mais perto de Deus);

Tu, no agro templo de Sagres,
Ninho das naves esbeltas,
Reproduzes os milagres
Da idade escura dos Celtas:

Vê como a noite está cheia
De vagas sombras... Aqui,
Deuses pisaram a areia,
Hoje pisada por ti.

E, como eles poderoso,
Tu, mortal, tu, pequenino,
Vences o Mar Tenebroso,
Ficas senhor do Destino!

Já, enfunadas as velas,
Como asas a palpitar,
Espalham-se as caravelas
Aves tontas pelo mar...

Nessas tábuas oscilantes,
Sob essas asas abertas,
A alma dos teus navegantes
Povoa as águas desertas.

Já, do fundo do mar vário,
Surgem as ilhas, assim
Como as contas de um rosário
Soltas nas águas sem fim.

Já, como cestas de flores,
Que o mar de leve balança,
Abrem-se ao sol os Açores
Verdes, da cor da esperança.

Vencida a ponta encantada
Do Bojador, teus heróis
Pisam a África, abrasada
Pela inclemência dos sóis.

Não basta! Avante!
      Tu, morto
Em breve, tu, recolhido
Em calma, ao último porto,
— Porto da paz e do olvido,

Não verás, com o olhar em chama,
Abrir-se, no oceano azul,
O voo das naus do Gama,
De rostros feitos ao sul...

Que importa? Vivo e ofegando
No ofego das velas soltas,
Teu sonho estará cantando
À flor das águas revoltas.

Vencido, o peito arquejante,
Levantado em furacões,
Cheia a boca e regougante
De escuma e de imprecações,

Rasgando, em fúria, às unhadas
O peito, e contra os escolhos
Golfando, em flamas iradas,
Os relâmpagos dos olhos,

Louco, ululante e impotente
Como um verme – Adamastor
Verá pela tua gente
Galgado o Cabo do Horror!

Como o reflexo de um astro,
Cintila e a frota abençoa
No tope de cada mastro
O Sant'Elmo de Lisboa.

E alta já, de Moçambique
A Calicut, a brilhar,
Olha, Infante Dom Henrique!
– Passou a Esfera Armilar...

Fartar! como um santuário
Zeloso de seu tesouro,
Que, ao toque de um temerário,
Largas abre as portas de ouro,

– Eis as terras feiticeiras
Abertas... Da água através,
Deslizem fustas ligeiras,
Corram ávidas galés!

Aí vão, oprimindo o oceano,
Toda a prata que fascina,
Todo o marfim africano,
Todas as sedas da China...

Fartar!... Do seio fecundo
Do Oriente abrasado em luz,
Derramem-se sobre o mundo
As pedrarias de Ormuz!

Sonha – afastado da guerra,
Infante!... Em tua fraqueza,
Tu, dessa ponta de terra,
Dominas a natureza!..."

Longa e cálida, assim, fala a voz da Sereia...
– Longe, um roxo clarão rompe o noturno véu.
Doce agora, ameigando os zimbros sobre a areia,
Passa o vento. Sorri palidamente o dia...
E súbito, como um tabernáculo, o céu
Entre faixas de prata e púrpura irradia...

Tênue, a princípio, sobre as pérolas da espuma,
Dança torvelinhando a chuva de ouro. Além,
Invadida do fogo, arde e palpita a bruma,
Numa cintilação de nácar e ametistas...
E o olhar do Infante vê, na água que vai e vem,
Desenrolar-se vivo o drama das Conquistas.

Todo o oceano referve, incendido em diamantes,
Desmanchado em rubis. Galeões descomunais,
Crespas selvas sem fim de mastros deslumbrantes,
Continentes de fogo, ilhas resplandecendo,
Costas de âmbar, parcéis de aljofres e corais,
– Surgem, redemoinhando e desaparecendo...

É o dia! – A bruma foge. Iluminam-se as grutas.
Dissipam-se as visões... O Infante, a meditar,
Como um fantasma, segue entre as rochas abruptas...
E impassível, opondo ao mar o vulto enorme,
Fim de um mundo sondando o deserto do mar,
– Berço de um mundo novo – o promontório dorme.

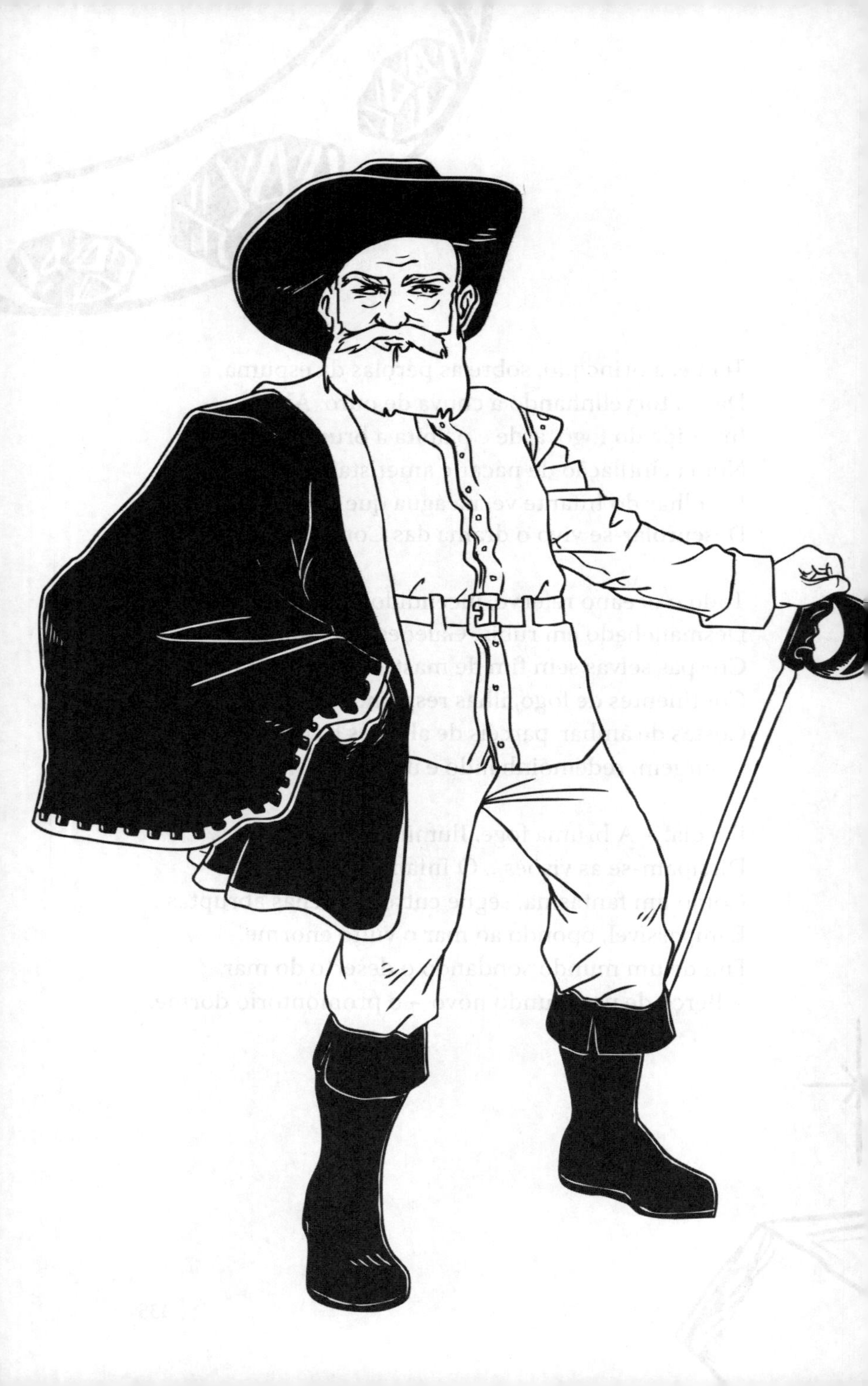

O CAÇADOR DE ESMERALDAS

Episódio da epopeia sertanista no século XVII

O caçador de esmeraldas

I

Foi em março, ao findar das chuvas, quase à entrada
De outono, quando a terra, em sede requeimada,
Bebera longamente as águas da estação
– Que, em bandeira, buscando esmeraldas e prata,
À frente dos peões filhos da rude mata,
Fernão Dias Pais Leme entrou pelo sertão.

Ah! quem te vira assim, no alvorecer da vida,
Bruta Pátria, no berço, entre as selvas dormida,
No virginal pudor das primitivas eras,
Quando, aos beijos do sol, mas compreendendo o anseio

Do mundo por nascer que trazias no seio,
Reboavas ao tropel dos índios e das feras!

Já lá fora, da ourela azul das enseadas,
Das angras verdes, onde as águas repousadas
Vêm, borbulhando, à flor dos cachopos cantar;
Das abras e da foz dos tumultuosos rios
– Tomadas de pavor, dando contra os baixios,
As pirogas dos teus fugiam pelo mar...

De longe, ao duro vento opondo as largas velas,
Bailando ao furacão, vinham as caravelas,
Entre os uivos do mar e o silêncio dos astros;
E tu, do litoral, de rojo nas areias,
Vias o oceano arfar, vias as ondas cheias
De uma palpitação de proas e de mastros.

Pelo deserto imenso e líquido, os penhascos
Feriam-nas em vão, roíam-lhes os cascos...
A quantas, quanta vez, rodando aos ventos maus,
O primeiro pegão, como a baixéis, quebrava!
E lá iam, no alvor da espumarada brava,
Despojos da ambição, cadáveres de naus...

Outras vinham, na febre heroica da conquista!
E quando, de entre os véus das neblinas, à vista
Dos nautas fulgurava o teu verde sorriso,
Os seus olhos, ó Pátria, enchiam-se de pranto:
Era como se, erguendo a ponta do teu manto,
Vissem, à beira d'água, abrir-se o Paraíso!

Mais numerosa, mais audaz, de dia em dia,
Engrossava a invasão. Como a enchente bravia,
Que sobre as terras, palmo a palmo, abre o lençol
Da água devastadora – os brancos avançavam:
E os teus filhos de bronze ante eles recuavam,
Como a sombra recua ante a invasão do sol.

Já nas faldas da serra apinhavam-se aldeias;
Levantava-se a cruz sobre as alvas areias,
Onde, ao brando mover dos leques das juçaras,
Vivera e progredira a tua gente forte...
Soprara a destruição, como um vento de morte,
Desterrando os pajés, abatendo as caiçaras.

Mas além, por detrás das broncas serranias,
Na cerrada região das florestas sombrias,
Cujos troncos, rompendo as lianas e os cipós,
Alastravam no céu léguas de rama escura;
Nos matagais, em cuja horrível espessura
Só corria a anta leve e uivava a onça feroz;

Além da áspera brenha, onde as tribos errantes
À sombra maternal das árvores gigantes
Acampavam; além das sossegadas águas
Das lagoas, dormindo entre aningais floridos;
Dos rios, acachoando em quedas e bramidos,
Mordendo os alcantis, roncando pelas fráguas;

– Aí, não ia ecoar o estrupido da luta...
E, no seio nutriz da natureza bruta,
Resguardava o pudor teu verde coração!
Ah! quem te vira assim, entre as selvas sonhando,
Quando a bandeira entrou pelo teu seio, quando
Fernão Dias Pais Leme invadiu o sertão!

II

Para o norte inclinando a lombada brumosa,
Entre os nateiros jaz a serra misteriosa;
A azul Vupabuçu beija-lhe as verdes faldas,
E águas crespas, galgando abismos e barrancos
Atulhados de prata, umedecem-lhe os flancos
Em cujos socavões dormem as esmeraldas.

Verde sonho!... é a jornada ao país da Loucura!
Quantas bandeiras já, pela mesma aventura
Levadas, em tropel, na ânsia de enriquecer!
Em cada tremedal, em cada escarpa, em cada
Brenha rude, o luar beija à noite uma ossada,
Que vêm, a uivar de fome, as onças remexer...

Que importa o desamparo em meio do deserto,
E essa vida sem lar, e esse vaguear incerto
De terror em terror, lutando braço a braço
Com a inclemência do céu e a dureza da sorte?
Serra bruta! dar-lhe-ás, antes de dar-lhe a morte,
As pedras de Cortez, que escondes no regaço!

E sete anos, de fio em fio destramando
O mistério, de passo em passo penetrando
O verde arcano, foi o bandeirante audaz...
– Marcha horrenda! derrota implacável e calma,
Sem uma hora de amor, estrangulando na alma
Toda a recordação do que ficava atrás!

A cada volta, a Morte, afiando o olhar faminto,
Incansável no ardil, rondando o labirinto
Em que às tontas errava a bandeira nas matas,
Cercando-a com o crescer dos rios iracundos,
Espiando-a no pendor dos boqueirões profundos,
Onde vinham ruir com fragor as cascatas.

Aqui, tapando o espaço, entrelaçando as grenhas
Em negros paredões, levantavam-se as brenhas,
Cuja muralha, em vão, sem a poder dobrar,
Vinham acometer os temporais, aos roncos;
E os machados, de sol a sol mordendo os troncos,
Contra esse adarve bruto em vão rodavam no ar.

Dentro, no frio horror das balseiras escuras,
Viscosas e oscilando, úmidas colgaduras
Pendiam de cipós na escuridão noturna;
E um mundo de reptis silvava no negrume;
Cada folha pisada exalava um queixume,
E uma pupila má chispava em cada furna.

Depois, nos chapadões, o rude acampamento:
As barracas, voando em frangalhos ao vento,
Ao granizo, à invernada, à chuva, ao temporal...
E quantos deles, nus, sequiosos, no abandono,
Iam ficando atrás, no derradeiro sono,
Sem chegar ao sopé da colina fatal!

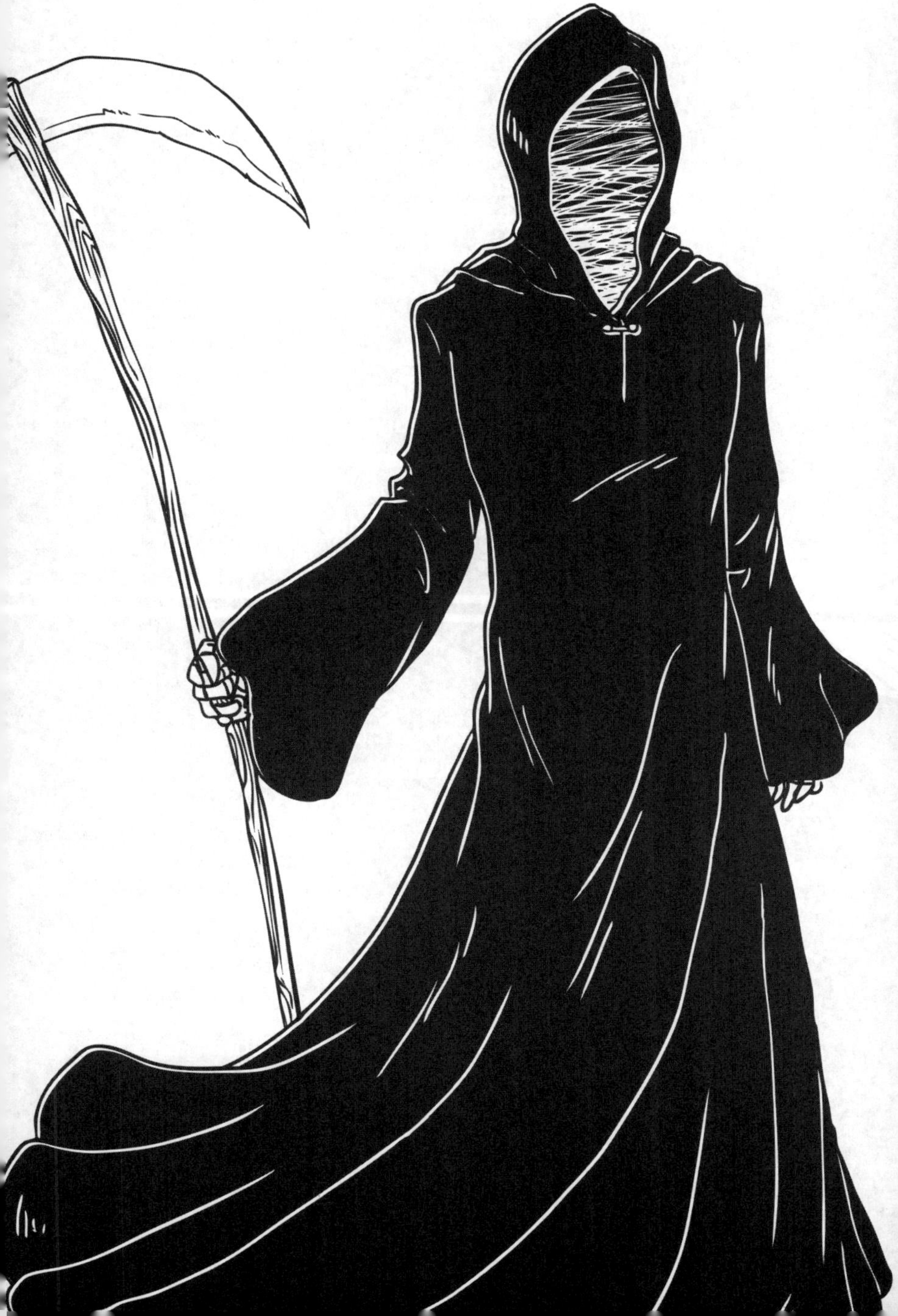

Que importava? Ao clarear da manhã, a companha
Buscava no horizonte o perfil da montanha...
Quando apareceria enfim, vergando a espalda,
Desenhada no céu entre as neblinas claras,
A grande serra, mãe das esmeraldas raras,
Verde e faiscante como uma grande esmeralda?

Avante! e os aguaçais seguiam-se às florestas...
Vinham os lamarões, as leziras funestas,
De água paralisada e decomposta ao sol,
Em cuja face, como um bando de fantasmas,
Erravam dia e noite as febres e os miasmas,
Numa ronda letal sobre o podre lençol.

Agora, o áspero morro, os caminhos fragosos...
Leve, de quando em quando, entre os troncos nodosos
Passa um plúmeo cocar, como uma ave que voa...
Uma flecha, sutil, silva e zarguncha... É a guerra!
São os índios! Retumba o eco da bruta serra
Ao tropel... E o estridor da batalha reboa.

Depois, os ribeirões, nas levadas, transpondo
As ribas, rebramando, e de estrondo em estrondo
Inchando em macaréus o seio destruidor,
E desenraizando os troncos seculares,
No esto da aluvião estremecendo os ares,
E indo torvos rolar nos vales com fragor...

Sete anos! combatendo índios, febres, paludes,
Feras, reptis – contendo os sertanejos rudes,
Dominando o furor da amotinada escolta...
Sete anos!... E ei-lo de volta, enfim, com o seu tesouro!
Com que amor, contra o peito, a sacola de couro
Aperta, a transbordar de pedras verdes! – volta...

Mas num desvão da mata, uma tarde, ao sol-posto,
Para. Um frio livor se lhe espalha no rosto...
É a febre! O Vencedor não passará dali!
Na terra que venceu há de cair vencido:
É a febre: é a morte! E o Herói, trôpego e envelhecido,
Roto, e sem forças, cai junto do Guaicuí...

III

Fernão Dias Pais Leme agoniza. Um lamento
Chora longo, a rolar na longa voz do vento.
Mugem soturnamente as águas. O céu arde.
Trasmonta fulvo o Sol. E a natureza assiste,
Na mesma solidão e na mesma hora triste,
À agonia do herói e à agonia da tarde.

Piam perto, na sombra, as aves agoireiras.
Silvam as cobras. Longe, as feras carniceiras
Uivam nas lapas. Desce a noite, como um véu...
Pálido, no palor da luz, o sertanejo
Estorce-se no crebro e derradeiro arquejo.
– Fernão Dias Pais Leme agoniza, e olha o céu.

Oh! esse último olhar ao firmamento! A vida
Em surtos de paixão e febre repartida,
Toda, num só olhar, devorando as estrelas!
Esse olhar, que sai como um beijo da pupila,
— Que as implora, que bebe a sua luz tranquila,
Que morre... e nunca mais, nunca mais há de vê-las!

Ei-las todas, enchendo o céu, de canto a canto...
Nunca assim se espalhou, resplandecendo tanto,
Tanta constelação pela planície azul!
Nunca Vênus assim fulgiu! Nunca tão perto,
Nunca com tanto amor sobre o sertão deserto
Pairou tremulamente o Cruzeiro do Sul!

Noites de outrora!... Enquanto a bandeira dormia
Exausta, e áspero o vento em derredor zunia,
E a voz do noitibó soava como um agouro
— Quantas vezes Fernão, do cabeço de um monte,
Via lenta subir do fundo do horizonte
A clara procissão dessas bandeiras de ouro!

Adeus, astros da noite! Adeus, frescas ramagens
Que a aurora desmanchava em perfumes selvagens!
Ninhos cantando no ar! suspensos gineceus
Ressoantes de amor! outonos benfeitores!
Nuvens e aves, adeus! adeus, feras e flores!
Fernão Dias Pais Leme espera a morte... Adeus!

O Sertanista ousado agoniza, sozinho...
Empasta-lhe o suor a barba em desalinho;
E com a roupa de couro em farrapos, deitado,
Com a garganta afogada em uivos, ululante,
Entre os troncos da brenha hirsuta – o Bandeirante
Jaz por terra, à feição de um tronco derribado...

E o delírio começa. A mão, que a febre agita,
Ergue-se, treme no ar, sobe, descamba aflita,
Crispa os dedos, e sonda a terra, a escarva o chão:
Sangra as unhas, revolve as raízes, acerta,
Agarra o saco, e apalpa-o, e contra o peito o aperta,
Como para o enterrar dentro do coração.

Ah! mísero demente! o teu tesouro é falso!
Tu caminhaste em vão, por sete anos, no encalço
De uma nuvem falaz, de um sonho malfazejo!
Enganou-te a ambição! mais pobre que um mendigo,
Agonizas, sem luz, sem amor, sem amigo,
Sem ter quem te conceda a extrema-unção de um beijo!

E foi para morrer de cansaço e de fome,
Sem ter quem, murmurando em lágrimas teu nome,
Te dê uma oração e um punhado de cal,
– Que tantos corações calcaste sob os passos,
E na alma da mulher que te estendia os braços
Sem piedade lançaste um veneno mortal!

E ei-la, a morte! e ei-lo, o fim! A palidez aumenta;
Fernão Dias se esvai, numa síncope lenta...
Mas, agora, um clarão ilumina-lhe a face:
E essa face cavada e magra, que a tortura
Da fome e das privações maceraram – fulgura,
Como se a asa ideal de um arcanjo a roçasse.

IV

Adoça-se-lhe o olhar, num fulgor indeciso;
Leve, na boca aflante, esvoaça-lhe um sorriso...
– E adelgaça-se o véu das sombras. O luar
Abre no horror da noite uma verde clareira,
Como para abraçar a natureza inteira,
Fernão Dias Pais Leme estira os braços no ar...

Verdes, os astros no alto abrem-se em verdes chamas;
Verdes, na verde mata, embalançam-se as ramas;
E flores verdes no ar brandamente se movem;
Chispam verdes fuzis riscando o céu sombrio;
Em esmeraldas flui a água verde do rio,
E do céu, todo verde, as esmeraldas chovem...

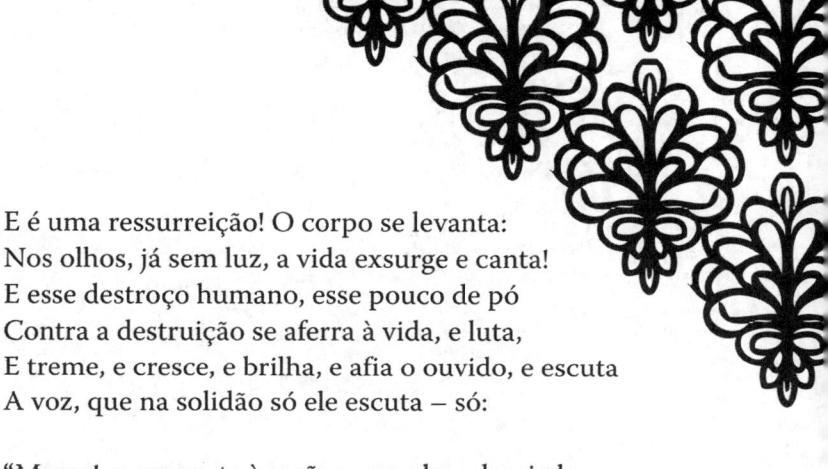

E é uma ressurreição! O corpo se levanta:
Nos olhos, já sem luz, a vida exsurge e canta!
E esse destroço humano, esse pouco de pó
Contra a destruição se aferra à vida, e luta,
E treme, e cresce, e brilha, e afia o ouvido, e escuta
A voz, que na solidão só ele escuta – só:

"Morre! morrem-te às mãos as pedras desejadas,
Desfeitas como um sonho, e em lodo desmanchadas...
Que importa? dorme em paz, que o teu labor é findo!
Nos campos, no pendor das montanhas fragosas,
Como um grande colar de esmeraldas gloriosas,
As tuas povoações se estenderão fulgindo!

Quando do acampamento o bando peregrino
Saía, antemanhã, ao sabor do destino,
Em busca, ao norte e ao sul, de jazida melhor
– No cômoro de terra, em que teu pé poisara,
Os colmados de palha aprumavam-se, e clara
A luz de uma clareira espancava o arredor.

Nesse louco vagar, nessa marcha perdida,
Tu foste, como o sol, uma fonte de vida:
Cada passada tua era um caminho aberto!
Cada pouso mudado, uma nova conquista!
E enquanto ias, sonhando o teu sonho egoísta,
Teu pé, como o de um deus, fecundava o deserto!

Morre! tu viverás nas estradas que abriste!
Teu nome rolará no largo choro triste
Da água do Guaicuí... Morre, Conquistador!
Viverás quando, feito em seiva o sangue, aos ares
Subires, e, nutrindo uma árvore, cantares

Numa ramada verde entre um ninho e uma flor!
Morre! germinarão as sagradas sementes
Das gotas de suor, das lágrimas ardentes!
Hão de frutificar as fomes e as vigílias!
E um dia, povoada a terra em que te deitas,
Quando, aos beijos do sol, sobrarem as colheitas,
Quando, aos beijos do amor, crescerem as famílias,

Tu cantarás na voz dos sinos, nas charruas,
No esto da multidão, no tumultuar das ruas,
No clamor do trabalho e nos hinos da paz!
E, subjugando o olvido, através das idades,
Violador de sertões, plantador de cidades,
Dentro do coração da Pátria viverás!"

....

Cala-se a estranha voz. Dorme de novo tudo.
Agora, a deslizar pelo arvoredo mudo,
Como um choro de prata algente o luar escorre.
E sereno, feliz, no maternal regaço
Da terra, sob a paz estrelada do espaço,
Fernão Dias Pais Leme os olhos cerra. E morre.

TARDE

À memória
de
José do Patrocínio,
meu amigo,

é dedicado este livro.

8 de outubro de 1918.

Olavo Bilac

"...La nostra vita è siccome uno arco montando e volgendo... Avemo dunque che la gioventute nel quarantacinquesimo anno se compie: e siccome l'adolescenza è in venticinque anni che procede montando alla gioventute; così il discendere, cioè la senettute, è altrettanto tempo che succede alla gioventute; e così si termina la senettute nel settantesimo anno... Dov'è da sapere che la nostra buona e diritta natura ragionevolmente procede in noi, siccome vedemo procedere la natura delle piante in quelle; e però altri costumi e altri portamenti sono ragionevoli ad una età più che ad altre; nelli quali l'anima nobilitata ordinariamente procede per una semplice via, usando li suoi atti nelli loro tempi e etadi siccome all'ultimo suo frutto sono ordinati."

Dante, *Il Convito*, tratt. quarto, cap. XXIV.

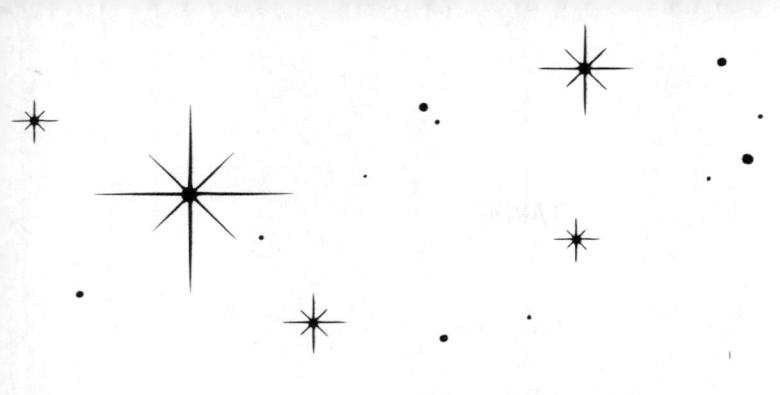

Hino à tarde

Glória jovem do sol no berço de ouro e chamas,
Alva! natal da luz, primavera do dia,
Não te amo! nem a ti, canícula bravia,
Que a ti mesma te estruis no fogo que derramas.

Amo-te, hora hesitante em que se preludia
O adágio vesperal – tumba que te recamas
De luto e de esplendor, de crepes e auriflamas,
Moribunda que ris sobre a própria agonia!

Amo-te, ó tarde triste, ó tarde augusta, que, entre
Os primeiros clarões das estrelas, no ventre,
Sob os véus do mistério e da sombra orvalhada,

Trazes a palpitar, como um fruto do outono,
A noite, alma nutriz da volúpia e do sono,
Perpetuação da vida e iniciação do nada...

Pátria

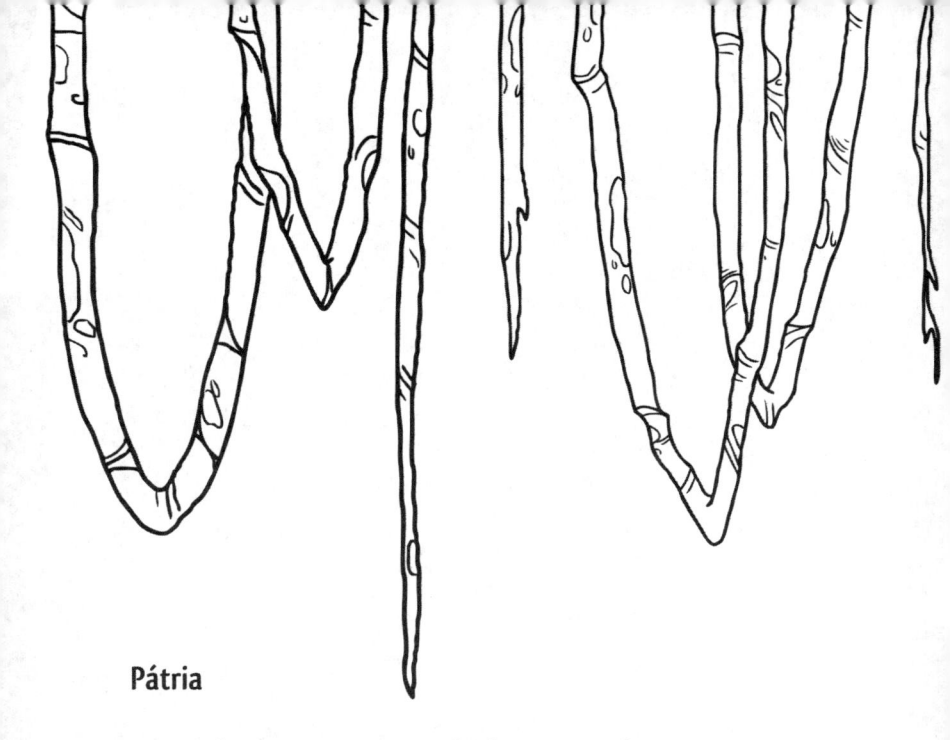

Pátria, latejo em ti, no teu lenho, por onde
Circulo! e sou perfume, e sombra, e sol, e orvalho!
E, em seiva, ao teu clamor a minha voz responde,
E subo do teu cerne ao céu de galho em galho!

Dos teus liquens, dos teus cipós, da tua fronde,
Do ninho que gorjeia em teu doce agasalho,
Do fruto a amadurar que em teu seio se esconde,
De ti – rebento em luz e em cânticos me espalho!

Vivo, choro em teu pranto; e, em teus dias felizes,
No alto, como uma flor, em ti, pompeio e exulto!
E eu, morto – sendo tu cheia de cicatrizes,

Tu golpeada e insultada – eu tremerei sepulto:
E os meus ossos no chão, como as tuas raízes,
Se estorcerão de dor, sofrendo o golpe e o insulto!

Língua portuguesa

Última flor do Lácio, inculta e bela,
És, a um tempo, esplendor e sepultura:
Ouro nativo, que na ganga impura
A bruta mina entre os cascalhos vela...

Amo-te assim, desconhecida e obscura,
Tuba de alto clangor, lira singela,
Que tens o trom e o silvo da procela,
E o arrolo da saudade e da ternura!

Amo o teu viço agreste e o teu aroma
De virgens selvas e de oceano largo!
Amo-te, ó rude e doloroso idioma,

Em que da voz materna ouvi: "meu filho!",
E em que Camões chorou, no exílio amargo,
O gênio sem ventura e o amor sem brilho!

Música brasileira

Tens, às vezes, o fogo soberano
Do amor: encerras na cadência, acesa
Em requebros e encantos de impureza,
Todo o feitiço do pecado humano.

Mas, sobre essa volúpia, erra a tristeza
Dos desertos, das matas e do oceano:
Bárbara poracé, banzo africano,
E soluços de trova portuguesa.

És samba e jongo, xiba e fado, cujos
Acordes são desejos e orfandades
De selvagens, cativos e marujos:

E em nostalgias e paixões consistes,
Lasciva dor, beijo de três saudades,
Flor amorosa de três raças tristes.

Anchieta

Cavaleiro da mística aventura,
Herói cristão! nas provações atrozes
Sonhas, casando a tua voz às vozes
Dos ventos e dos rios na espessura:

Entrando as brenhas, teu amor procura
Os índios, ora filhos, ora algozes,
Aves pela inocência, e onças ferozes
Pela bruteza, na floresta escura.

Semeador de esperanças e quimeras,
Bandeirante de "entradas" mais suaves,
Nos espinhos a carne dilaceras:

E, por que as almas e os sertões desbraves,
Cantas: Orfeu humanizando as feras,
São Francisco de Assis pregando às aves...

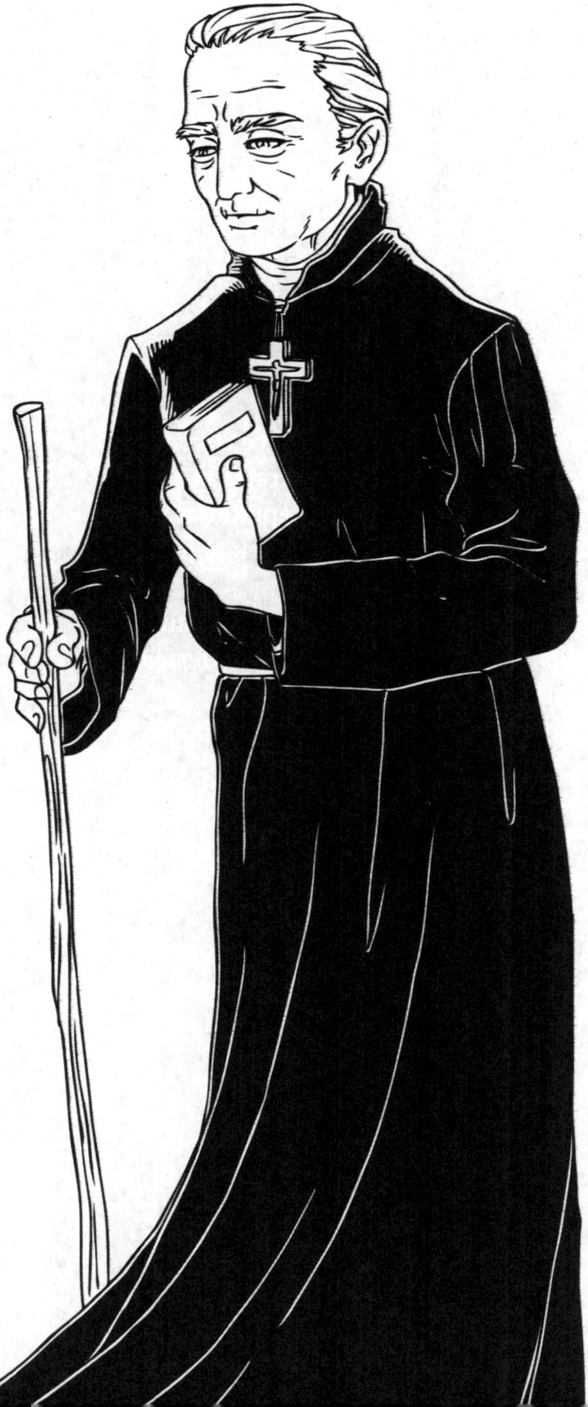

Caos

No fundo do meu ser, ouço e suspeito
Um pélago em suspiros e rajadas:
Milhões de vivas almas sepultadas,
Cidades submergidas no meu peito.

Às vezes, um torpor de águas paradas...
Mas, de repente, um temporal desfeito:
Festa, agonia, júbilo, despeito,
Clamor de sinos, retintim de espadas,

Procissões e motins, glórias e luto,
Choro e hosana... Ferver de sangue novo,
Fermentação de um mundo agreste e bruto...

E há na esperança, de que me comovo,
E na grita de dúvidas, que escuto,
A incerteza e a alvorada do meu povo!

As ondas

Entre as trêmulas mornas ardentias,
A noite no alto-mar anima as ondas.
Sobem das fundas úmidas Golcondas,
Pérolas vivas, as nereidas frias:

Entrelaçam-se, correm fugidias,
Voltam, cruzando-se; e, em lascivas rondas,
Vestem as formas alvas e redondas
De algas roxas e glaucas pedrarias.

Coxas de vago ônix, ventres polidos
De alabastro, quadris de argêntea espuma,
Seios de dúbia opala ardem na treva;

E bocas verdes, cheias de gemidos,
Que o fósforo incendeia e o âmbar perfuma,
Soluçam beijos vãos que o vento leva...

Crepúsculo na mata

Na tarde tropical, arfa e pesa a atmosfera.
A vida, na floresta abafada e sonora,
Úmida exalação de aromas evapora,
E no sangue, na seiva e no húmus acelera.

Tudo, entre sombras – o ar e o chão, a fauna e a flora,
A erva e o pássaro, a pedra e o tronco, os ninhos e a hera,
A água e o réptil, a folha e o inseto, a flor e a fera –
Tudo vozeia e estala em estos de pletora.

O amor apresta o gozo e o sacrifício na ara:
Guinchos, berros, zinir, silvar, ululos de ira,
Ruflos, chilros, fru-frus, balidos de ternura...

Súbito, a excitação declina, a febre para:
E misteriosamente, em gemido que expira,
Um surdo beijo morno alquebra a mata escura...

Microcosmo

Pensando e amando, em turbilhões fecundos
És tudo: oceanos, rios e florestas;
Vidas brotando em solidões funestas;
Primaveras de invernos moribundos;

A Terra; e terras de ouro em céus profundos,
Cheias de raças e cidades, estas
Em luto, aquelas em raiar de festas;
Outras almas vibrando em outros mundos;

E outras formas de línguas e de povos;
E as nebulosas, gêneses imensas,
Fervendo em sementeira de astros novos;

E todo o cosmos em perpétuas flamas...
— Homem! és o universo, porque pensas,
E, pequenino e fraco, és Deus, porque amas!

A um poeta

Longe do estéril turbilhão da rua,
Beneditino, escreve! No aconchego
Do claustro, na paciência e no sossego,
Trabalha, e teima, e lima, e sofre, e sua!

Mas que na forma se disfarce o emprego
Do esforço; e a trama viva se construa
De tal modo, que a imagem fique nua,
Rica mas sóbria, como um templo grego.

Não se mostre na fábrica o suplício
Do mestre. E, natural, o efeito agrade,
Sem lembrar os andaimes do edifício:

Porque a Beleza, gêmea da Verdade,
Arte pura, inimiga do artifício,
É a força e a graça na simplicidade.

Vila Rica

O ouro fulvo do ocaso as velhas casas cobre;
Sangram, em laivos de ouro, as minas, que a ambição
Na torturada entranha abriu da terra nobre:
E cada cicatriz brilha como um brasão.

O ângelus plange ao longe em doloroso dobre.
O último ouro do sol morre na cerração.
E, austero, amortalhando a urbe gloriosa e pobre,
O crepúsculo cai como uma extrema-unção.

Agora, para além do cerro, o céu parece
Feito de um ouro ancião que o tempo enegreceu...
A neblina, roçando o chão, cicia, em prece,

Como uma procissão espectral que se move...
Dobra o sino... Soluça um verso de Dirceu...
Sobre a triste Ouro Preto o ouro dos astros chove.

New York

Resplandeces e ris, ardes e tumultuas;
Na escalada do céu, galgando em fúria o espaço,
Sobem do teu tear de praças e de ruas
Atlas de ferro, Anteus de pedra e Brontes de aço.

Gloriosa! Prometeu revive em teu regaço,
Delira no teu gênio, enche as artérias tuas,
E combure-te a entranha arfante de cansaço,
Na incessante criação de assombros em que estuas.

Mas, com as tuas Babéis, debalde o céu recortas,
E pesas sobre o mar, quando o teu vulto assoma,
Como a recordação da Tebas de cem portas:

Falta-te o Tempo – o vago, o religioso aroma
Que se respira no ar de Lutécia e de Roma,
Sempre moço perfume ancião de idades mortas...

Último Carnaval

Íncola de Suburra ou de Síbaris,
Nasceste em saturnal; viveste, estulto,
Na folia das feiras, no tumulto
Dos caravançarás e dos bazares;

Morreste, em plena orgia, entre os esgares
Dos arlequins, no delirante culto:
E a saudade terás, depois sepulto,
Herói folião, dos carnavais hilares...

Talvez, quem sabe? a cova, que te esconda,
Uma noite, entre fogos-fátuos, se abra,
Como uma boca escancarada em risos:

E saltarás, pinchando, numa ronda
De espectros aos tantãs, dança macabra
De esqueletos e lêmures aos guizos...

Diamante negro

Vi-te uma vez, e estremeci de medo...
Havia susto no ar, quando passavas:
Vida morta enterrada num segredo,
Letárgico vulcão de ignotas lavas.

Ias como quem vai para um degredo,
De invisíveis grilhões as mãos escravas,
A marcha dúbia, o olhar turvado e quedo
No roxo abismo das olheiras cavas...

Aonde ias? aonde vais? Foge o teu vulto;
Mas fica o assombro do teu passo errante,
E fica o sopro desse inferno oculto,

O horrível fogo que contigo levas,
Incompreendido mal, negro diamante,
Sol sinistro e abafado ardendo em trevas.

Palavras

As palavras do amor expiram como os versos,
Com que adoço a amargura e embalo o pensamento:
Vagos clarões, vapor de perfumes dispersos,
Vidas que não têm vida, existências que invento;

Esplendor cedo morto, ânsia breve, universos
De pó, que um sopro espalha ao torvelim do vento,
Raios de sol, no oceano entre as águas imersos
– As palavras da fé vivem num só momento...

Mas as palavras más, as do ódio e do despeito,
O "não!" que desengana, o "nunca!" que alucina,
E as do aleive, em baldões, e as da mofa, em risadas,

Abrasam-nos o ouvido e entram-nos pelo peito:
Ficam no coração, numa inércia assassina,
Imóveis e imortais, como pedras geladas.

O cometa

Um cometa passava... Em luz, na penedia,
Na erva, no inseto, em tudo uma alma rebrilhava;
Entregava-se ao sol a terra, como escrava;
Ferviam sangue e seiva. E o cometa fugia...

Assolavam a terra o terremoto, a lava,
A água, o ciclone, a guerra, a fome, a epidemia;
Mas renascia o amor, o orgulho revivia,
Passavam religiões... E o cometa passava,

E fugia, riçando a ígnea cauda flava...
Fenecia uma raça; a solidão bravia
Povoava-se outra vez. E o cometa voltava...

Escoava-se o tropel das eras, dia a dia:
E tudo, desde a pedra ao homem, proclamava
A sua eternidade! E o cometa sorria...

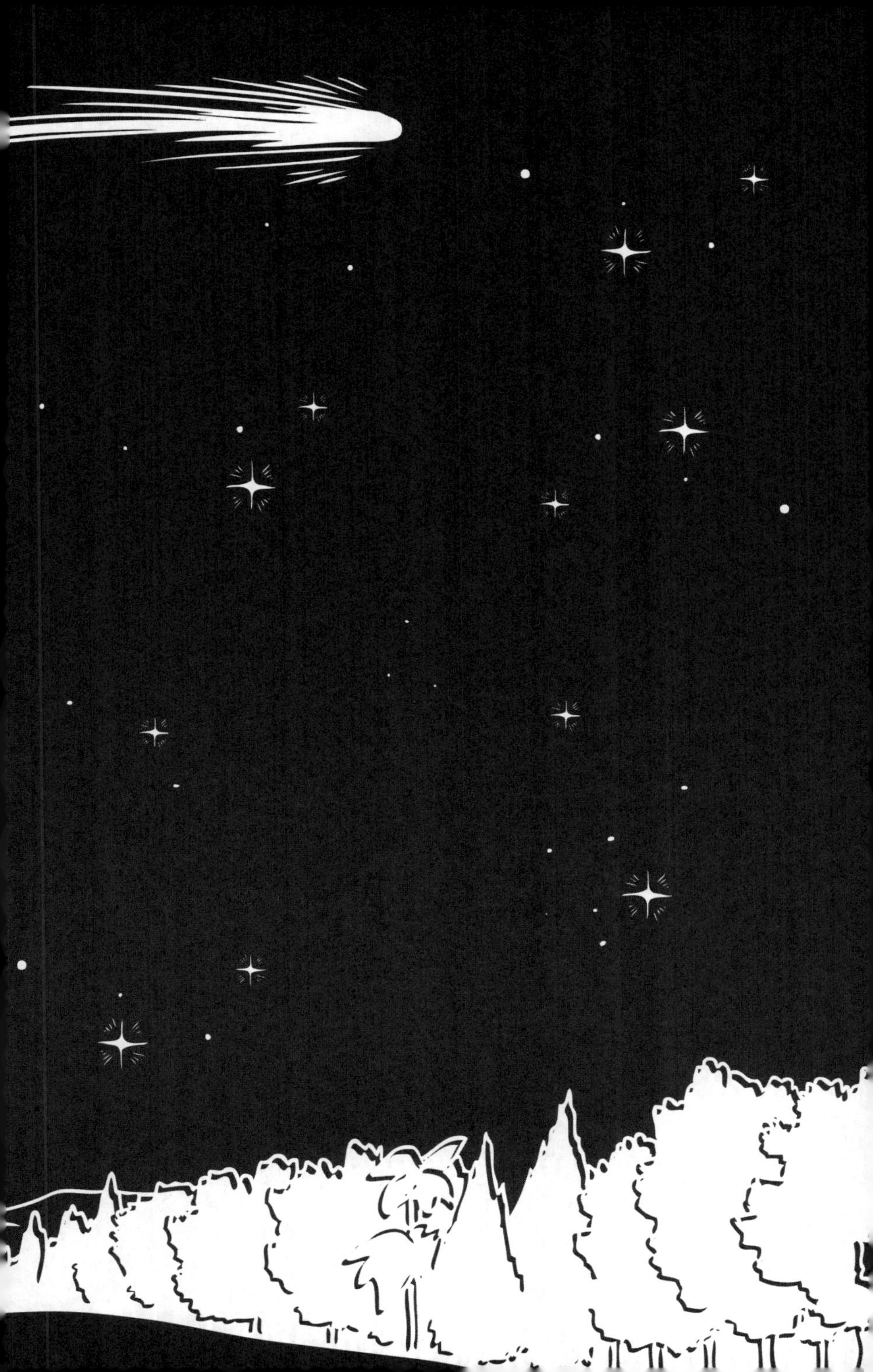

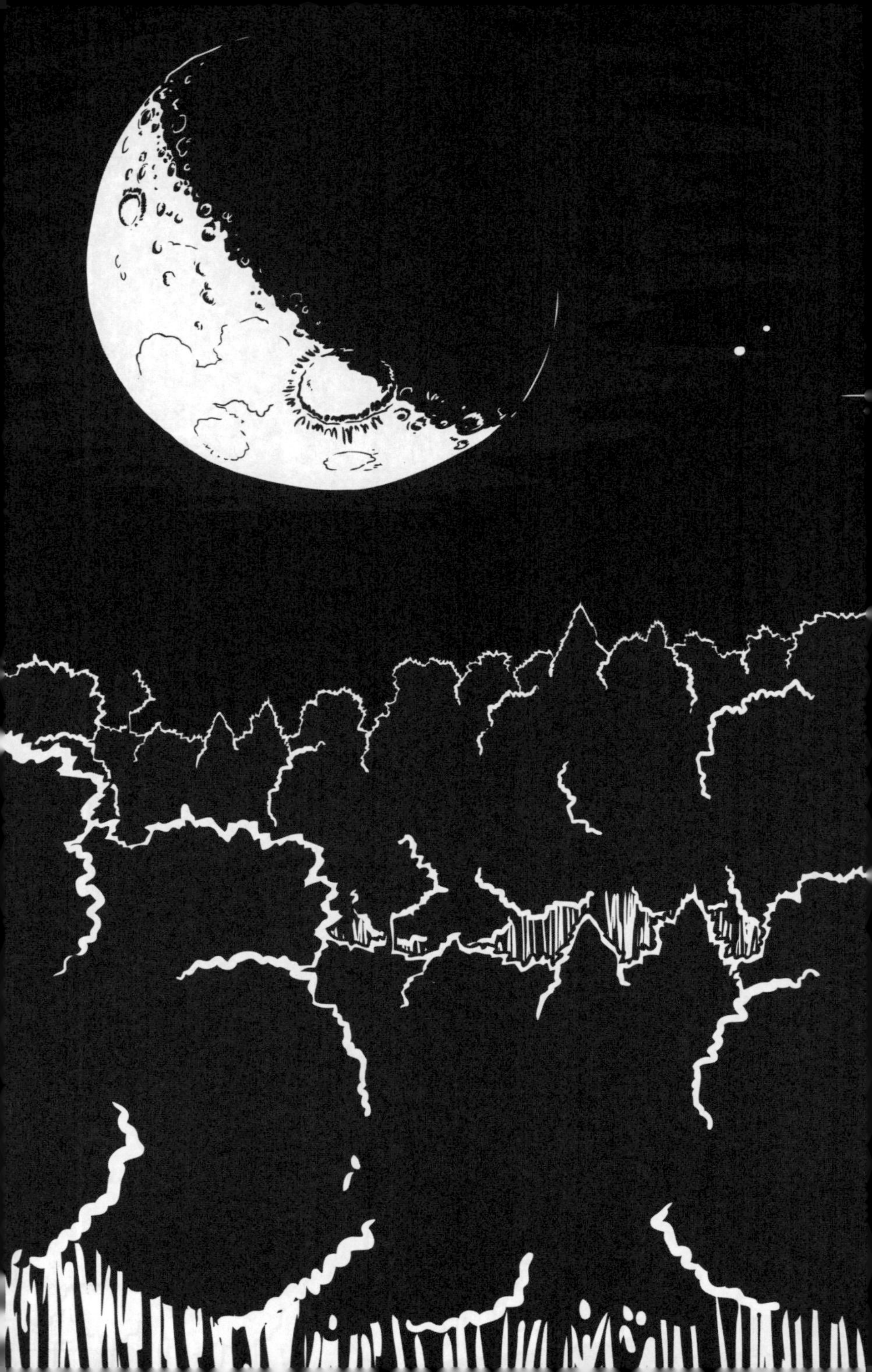

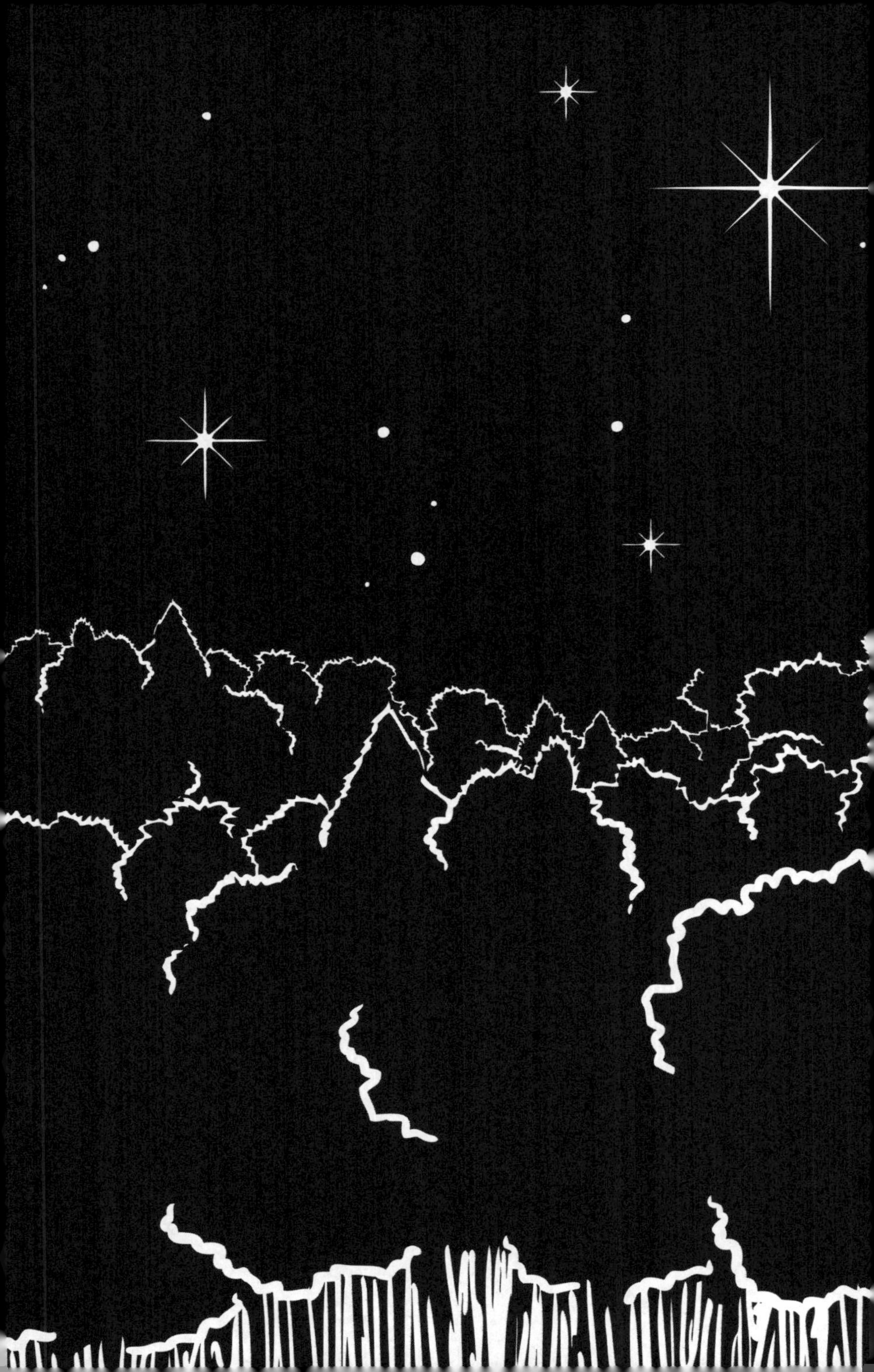

BAGAGEM DE INFORMAÇÕES

momento histórico

O final do século XIX foi um período de grandes transformações políticas, sociais e econômicas no Brasil. A campanha abolicionista, apoiada pelas ideias liberais e republicanas, tinha tomado impulso e começava a levar para as ruas motins e passeatas – principalmente estudantis – que não só pregavam o fim do trabalho escravo, mas também a queda do Império.

Logo, o regime monárquico entraria em colapso: a proclamação da República em 1889 dera início à chamada República Velha, que se estenderia até 1930. Além disso, com a proibição do tráfico negreiro a partir de 1850, milhares de imigrantes que haviam deixado seus países de origem por questões sociopolíticas passariam a substituir a força escravista no cultivo do café, produto central da economia até então.

Com a nova ordem política e o aumento populacional, o século XX começou em ebulição. A exploração da borracha na Amazônia crescia a olhos vistos e gerava a ampliação da malha ferroviária. No litoral, os portos se modernizavam e, no Rio de Janeiro, diversas obras urbanísticas tinham por intuito transformar a cidade em uma verdadeira metrópole, à moda das grandes cidades europeias.

1870 — Como principal produtor de café, o Vale do Paraíba começa a apresentar sinais de esgotamento, o que impulsionou o avanço da cultura cafeeira em direção ao Oeste paulista.

1880 — Depois de um golpe militar, o marechal Deodoro da Fonseca proclama o fim do Império e se torna o primeiro presidente do Brasil, substituindo o regime monárquico pelo republicano.

1890 — A necessidade de matéria-prima e de novos mercados consumidores leva as potências europeias a partilharem a África, cujas fronteiras foram redefinidas na Conferência de Berlim (1884-1885).

1900 — Um decreto de vacinação compulsória fez eclodir a Revolta da Vacina (1904), que marcou o descontentamento da população do Rio de Janeiro diante das políticas do governo em prol da modernização da cidade.

momento literário

O nome Parnasianismo surgiu em 1866, na França, a partir da coletânea de poesias *Le Parnasse Contemporain*, e remete ao monte Parnaso, da Grécia Antiga. No Brasil, o Parnasianismo aparece na década de 1880 com um grupo de poetas que desejavam restaurar a literatura clássica por meio de ideais antirromânticos, como a objetividade em relação aos temas e o culto à forma. O marco inicial do movimento no país é o lançamento da obra *Fanfarras*, de Teófilo Dias, em 1882.

Com Alberto de Oliveira e Raimundo Correia, o poeta Olavo Bilac integrava a célebre "tríade parnasiana", fundamental para a consolidação do Parnasianismo no Brasil. Também chamado de "ourives da linguagem", Bilac arriscou os primeiros versos aos doze anos e acabaria por se tornar o poeta brasileiro mais popular em Portugal.

Conhecido por ter escrito a letra do *Hino à Bandeira*, Olavo Bilac imprimia em suas poesias características como o patriotismo e a sensualidade, além das tradicionais referências greco-romanas. A beleza física da mulher, os amplos cenários e os momentos épicos da história nacional ganhavam forma por meio de ritmos neoclássicos que aproximam o poeta de Bocage e, mais raramente, de Camões. Obras como *Via Láctea* (1888), *Sarças de fogo* (1888) e *O Caçador de esmeraldas* (1902) figuram como exemplos de uma poética que foi eternizada por fixar no brilho da frase isolada a mensagem poética central.

TROVADORISMO

HUMANISMO

CLASSICISMO

BARROCO

ARCADISMO

ROMANTISMO

REALISMO

NATURALISMO

PARNASIANISMO

SIMBOLISMO

PRÉ-MODERNISMO

MODERNISMO

Predominantemente poetas, os escritores parnasianos seguem os modelos clássicos e valorizam a "arte pela arte".

O princípio do belo, a objetividade, o descritivismo e o racionalismo regem a poética do período, que recusa valores românticos como os excessos sentimentais, a inspiração, o descuido formal e a fantasia.

O soneto é a forma preferida, e os versos decassílabos e alexandrinos favorecem a construção do equilíbrio e da perfeição formal.

O preciosismo vocabular e o virtuosismo técnico são valorizados pelos parnasianos, que trabalham a língua de maneira pura e erudita, sem o uso de estrangeirismos ou de expressões populares.